本书出版得到上海文化发展基金会图书出版专项基金资助

币值稳定的制度保障研究

何自强○著

立信会计出版社
LIXIN ACCOUNTING PUBLISHING HOUSE

图书在版编目(CIP)数据

币值稳定的制度保障研究/何自强著. —上海：立信
会计出版社,2017.7
　ISBN 978-7-5429-5325-4

Ⅰ.①币… Ⅱ.①何… Ⅲ.①货币制度—关系—
人民币—币值稳定—研究　Ⅳ.①F822.1

中国版本图书馆 CIP 数据核字(2017)第 101653 号

策划编辑　　　方士华
责任编辑　　　方士华
封面设计　　　南房间

币值稳定的制度保障研究

出版发行	立信会计出版社		
地　　址	上海市中山西路 2230 号	邮政编码	200235
电　　话	(021)64411389	传　真	(021)64411325
网　　址	www.lixinaph.com	电子邮箱	lxaph@sh163.net
网上书店	www.shlx.net	电　话	(021)64411071
经　　销	各地新华书店		

印　　刷	江苏凤凰数码印务有限公司		
开　　本	787 毫米×1092 毫米	1/16	
印　　张	11.25	插　页	1
字　　数	168 千字		
版　　次	2017 年 7 月第 1 版		
印　　次	2017 年 7 月第 1 次		
书　　号	ISBN 978-7-5429-5325-4/F		
定　　价	35.00 元		

如有印订差错,请与本社联系调换

前　　言

　　近年来全球资产价格泡沫的形成的主要原因之一是各国过量的货币供应。纯粹技术性的政策手段调整很难解决货币问题。现实困境的理论根源在于，现有货币研究还是主要针对具体货币政策的作用，没有考虑到货币基本制度的根本性影响。

　　本书在这样的背景下，提出需要构建一个一致的稳定的可预期的货币秩序。本书首先从货币的发展演变着手，分析货币的本质。从商品货币到不可兑换纸币，货币形态发生了较大变化，但货币的性质没有改变，仍然是人们普遍接受的交易媒介。"普遍接受"体现了货币的应然的规范性维度，"交易媒介"是其经验性的主要职能。商品货币依靠该实物本身的稀缺性、广泛的实用性等来提供普遍接受性，例如黄金货币的稀缺性和长期形成的习俗能提供较稳定的普遍接受性。人们就选择特定物体作为货币形成公共合意，所以，商品货币是市场主体以事实行为达成的社会契约，商品货币以其内在的稳定价值保障了这一事实立约，该约定具有基础性根本性。虽然最初的信用货币为人们接受受到国家权力的强制，但在民主国家的背景上，信用货币的发行是人们协商一致的结果，得到人们普遍接受仍然是其本质属性，信用货币一旦不再获得人们的普遍接受就会失去价值，不能再充当货币。

　　个人的自由领域，包括货币在内的财产权利，被预设为一种私法自治，在此领域内不受限制。现代的基本权利概念中，基本权利包括生存权、人身自由权和财产权。按其实质来看，这些基本权利是自然权利，即列奥·施特劳斯意义上的"自然正当"或"自然正确"。货币，无论是商品货币还是信用货币，作为集体意向性的社会契约，是个体间的自愿合意，有着维护个体自由和促进社会发展的重要作用。在罗尔斯的"无知之幕"下，或者在布坎南、图洛克所指的个人利益的"极端不确定性之幕"下达成的社会契约，给社会秩序，包括货币制度，赋予了正当性。

1

掌握垄断性权力的机构,会做出利维坦式的行为,以获得最大化收入。不受制约的垄断会导致社会福利净损失,由于个人地位的不确定人人有可能遭受此损失,因此人们不会就垄断达成自愿契约。这基于霍布斯传统的利维坦预设,与正统经济学的预设相对应。人人参与并且个人地位是不确定或不可预期的,真正的宪法计算不会同意不受约束的政府对货币创造的垄断。就不可接受的货币制度达成一致后,就可以进行下一步的探讨。相较于对普通商品的垄断,货币的垄断更容易使每一个人遭到剥夺,因此人们会支持对货币权力的约束与规范。人们就货币的选择和普遍接受所体现的一致同意,是期望获得具有一致性、连续性、确定性与可预测性的货币制度。货币本身能影响所有人的权益。在商品货币下平等市场主体都具有商品货币生产和供应的货币权力,并在一定程度实现了币值较为稳定和具有可预测性、规范性的货币制度。信用货币下,只有对垄断性的货币权力进行规范,稳定的货币制度才能确立。而且,币值稳定的货币制度是财政税收制度重要的必不可少的构成要素。

首先,只有稳定的货币才能保证财政制度真正有效。不受约束的货币权力下,政府任意改变货币数量和货币的购买力,影响了人们的财产权,不规范的货币制度完全与财政制度相冲突。财政预算是规范政府权力的重要途径。财政预算对国家权力的监督和制约必须要有根本性货币秩序的配合与支持。只有政府不能滥用货币权力、避开预算的约束作用,财政制度才能真正有效,规范性的货币制度是财政制度的应有之义。

其次,税收法定主义需要稳定的货币保障。规范货币制度,使货币政策规则化,可以截断政府通过行政立法制定货币扩张政策征收铸币税而侵犯税收立法权的途径。新增的货币使用者会对其后的货币使用者征收通胀税,将新增货币分配给谁实质是税收执法权的滥用。货币的任意发行,可以使政府收入大量地依赖于公债而不是税收,政府的权力得不到税收法定下应有的控制。所得税一般实行累进税率,收入越高缴纳所得税依据的所得税率也越高。通货膨胀通常使人们的名义收入提高,但实际收入可能并未提高,甚至会有所下降。然而,名义收入提高却使得人们进入了更高的纳税等级,缴纳了更多的税收。通货膨胀能扩大人们的收入从而提高了税收等级,使税收失去了稳定性和可预见性。

再次,货币具有财富分配的作用。新投放市场的增量货币的最初的使用者,获得了最大收益。他们可以在物价还未变动时购买更多的商品和服务。新增加的货币供应量的影响会一步一步在经济系统中扩散开来。所有商品生产者和服务提供者都会受到货币的分配作用的这种影响。货币供应的增加将财富从新货币较靠后的所有者向较靠前的所有者重新分配。

凯恩斯主义经济学家倾向于牺牲预算管理准则以追求宏观经济目标。凯恩斯主义下政府预算具有危险的不对称。此不对称是赤字的根源,而赤字可以通过政府借贷(发行公债)最终逼迫发行货币而消除。民主社会倾向于尽可能地不成比例地诉诸借贷融资,使财政制度发挥不了应有作用。税收法定主义同样需要规范的货币制度的配合才能实现其目的。货币供应的分配作用,说明政府在货币事务上的短期机动行为。稳定币值的货币制度要对这样的货币权力进行规范与约束。

保障货币的基本制度的重要作用是通过规范货币权力来落实。商品货币下,平等市场主体都具有供应和生产货币的权力,同时享有由稳定币值带来的各种权利。在现代信用货币下,现行货币权力由政府和中央银行行使,包括基础货币的发行和货币政策的制定和执行,比如进行再贷款、再贴现、集中存款准备金,提供清算服务,直接规定基准利率、存款准备金率,确定汇率政策,实行贷款规模控制,不动产信用控制等。

现代国家在盛行的凯恩斯主义指导下,广泛采取的一种措施是政府通过扩大纸币的发行,增加信贷以刺激经济;货币服从于政府的宏观调控,中央银行地位缺乏独立性,货币权力行政化。现有货币制度不能有效制约政府对货币权力的篡夺和滥用,政府缺乏节约开支、严格遵守预算的硬约束,这导致的最显著后果就是公共债务的极速增长。政府可以通过大量发行纸币,绕过税收的约束,脱离财政税收安排对其的约束和控制。现行货币权力的不受约束,主要涉及政府、中央银行这些主体。建立规范这些主体货币权力的货币制度,是对货币权力失范状况的补正,包括通过制定货币性规范,确立央行的独立地位,以避免民主选举政治对货币权力的影响和排除政府行使货币权力,同时将货币政策法律规则化以升华相机抉择、约束央行的行为。

何自强

2017 年 7 月

目　录

第一章 导 论

货币影响个人财富、市场交易与社会稳定，币值稳定、抑制通货膨胀则关系到自由社会的根基。货币标示的财富成为我国经济发展的追求目标，同时货币又是政府调控经济的重要工具。对于货币，学界大多从经济学和金融学中的技术角度探讨货币问题，缺乏对货币基本制度的研究。但现有货币制度的问题使我们不能盲目相信技术分析，同时货币权力没有脱离法律规范的合理理由。本书探讨建立规范货币权力的基本制度，以维护货币的稳定和安全。

第一节 选题背景及其研究意义

一、选题背景

货币不仅在国内发挥重要作用，同时由于全球经济一体化和金融自由化，货币的国际性影响也越来越重要。

人民币通货膨胀压力成为影响我国经济和社会发展的重要原因。尤其 2010 年以来，中国物价水平持续走高，市场的通货膨胀预期逐渐增强，调控通货膨胀已经成为我国一个长期的重要任务。与此同时，我国银行贷款和外汇储备快速增长，金融市场上货币泛滥。泛滥的货币，先是从房地产市场上寻找出路，不断推高房地产的价格；同时大量的资金又涌向股市，吹大股市的泡沫。

从 2003 年起，我们就见证了我国货币高速增长阶段，M_2 平均增速达 18.8％。同期的金融机构的全部资金来源（相当于金融机构的总负债）平均增速则更快，达到 20.5％。M_2 与 GDP 的比率从 2002 年的

154%上升到 2010 年的 181%。[①] 2010 年 M_2 增速目标为 17%,实际为 18.95%,差距为 1.95%;2009 年 M_2 增速目标为 17%,实际为 28.42%,差距前所未有超过 10%,也是金融危机之下货币放水的产物;2008 年 M_2 增速目标为 16%,实际为 17.79%,差距为 1.79%;2007 年 M_2 增速目标为 16%,实际为 16.73%,差距为 0.73%;2006 年 M_2 增速目标为 16%,实际为 15.67%,差距为 0.33%;2005 年 M_2 增速目标为 15%,实际为 17.99%,差距为 2.99%。

中国人民银行的数据显示,2010 年以来,我国加紧了对货币的调控。M_2 同比增速一路走低,1 月份为 17.2%,到 7 月份跌破 15%,8 月份又破 14%,10 月份则破 13%,11 月份 12.7%则创下 1985 年开始实行 M_2 统计以来的最低水平,货币政策紧缩力度可谓前所未有,尽管 12 月份反弹至 13.6%,但 2012 年 1 月末,M_2 同比增长再创新低至 12.4%。[②]中国人民银行发布了《2011 年第四季度货币政策执行报告》,首次明确提出将 2011 年 M_2 增长定在 14%左右,高于 2010 年13.6%、2011 年 1 月 12.4%的涨幅,意味着货币政策放松仍将继续;短期抗通货膨胀效果已经显现,但对未来通货膨胀风险仍不可掉以轻心。

中国似乎始终难以摆脱货币供给、通货膨胀和经济增长间的存在的一个悖论:要维持高增长,就需要发展出口导向型经济,这势必增加外汇储备;而增加的外汇储备导致基础货币增加,引发经典通货膨胀,人民币贬值。同时,在我国经济社会体制中,政府一直是市场的重要参与者和投资主体,银行信贷规模不断扩张的趋势难以抑制,广义货币存量的膨胀似乎就不可控制。目前乃至未来的中国通货膨胀问题,就不仅仅只是一个简单的宏观货币政策选择问题,而在根本上是基本制度安排问题。

二、研究意义

我国已经出现流动资金过剩的现象,大量资金从银行流出,投资于股票和房地产市场,导致房地产价格大幅上涨和股市异常火爆,造成资

---

① 参见彭文生. 货币长周期的逻辑[EB/OL]. http://comments. caijing. com. cn/2012-02-16/111684177. html。

② 参见 http://blog. caijing. com. cn/expert_article-151329-32935. shtml。

产价格泡沫的形成。而且消费品价格也一路上涨,劳动者收入的增加被抵消。我国经济运行面临严重的隐患,纯粹技术性的政策手段调整很难解决货币制度的失范问题。现实困境出现的理论根源在于:现有货币研究还是主要针对具体货币政策的作用,没有考虑到货币基本制度的根本性影响。

政府和中央银行的货币权力不受约束通常导致通货膨胀。在这样的背景下,就需要构建一个一致、稳定、可预期的货币制度。只有基本货币制度确立后,货币政策、货币数量等技术问题才能真正有效解决。对规范货币权力的基本制度的研究,既有一定的理论价值,也具有重要的现实意义:在我国目前抑制通货膨胀的关键时刻,这可以为我国币值稳定的实践提供新的思路和视角,通过确立人民银行的独立地位、法律规则化货币政策、重构货币委员会以切实有效维护人民币的稳定,对我国有急迫的现实意义;这不仅关乎经济的健康发展、人们福利的提高,而且有利于在人民币汇率争议中维护我国货币主权,还可以为人民币的国际化做好制度准备。

第二节 文 献 综 述

货币是许多学科的核心问题,也是研究的重点,但从基本制度角度研究货币币值稳定保障机制的却较少,国内相关研究刚刚兴起,国外主要见于奥尔多秩序学派和宪法经济学的研究。

一、国内研究状况

(一)对货币性质的研究

有学者界定了货币的法律性质,认为货币是动产,货币的通常含义是指充作交换媒介使用的硬币和其他物质,它是最早从物物交换中脱离出来的一种特殊商品,自产生以来,货币已由实物货币发展到金属货币,再到纸币或信用货币,但这主要体现在货币材料的变化上,它们皆为动产[①]。在法律上货币属于"物"的一种,具备"物"所具有的基本法

---

① 张庆麟. 论货币的物权特征[J]. 法学评论,2004(5):50.

律特征,但因其性质与功能的特殊性它与其他的动产物又有着大不相同的特征。

有学者认为,信用货币是主权财产权,信用货币的主权财产权属性包括三个方面:是国家主权的重要组成部分;是本国财产的一般性代表;是能够独立地进行本国货币立法的国际法依据①。信用货币的主权财产权主要包括货币立法权、货币发行权、货币调控权和外汇管理权。

还有学者认为,货币是商品或是劳务交换中处于等价形式一方的社会承诺或是社会担保,它体现了一种社会的信用经济关系②。这一定义可以涵盖商品本位货币、金属货币和现代纸币。而纸币,则可以表达为:由国家政权依据国家主体信誉发行的纸的价值承诺或担保保证,它在社会商品或劳务的交换中处于等价形式的一方,体现了社会商品与劳务交换中的信用关系。因此,纸币实际上是一纸特殊的契约,它的一方是国家,另一方则是纸币接受者。纸币的承诺与保证,是非实体性的,它能够承接金银货币的承诺与保证职能,完全依赖于社会已经存在着的最强大的信用发行主体,依赖于社会最强大的信誉主体——即建立于现代政权制度基础上的国家。可以肯定的是,一种生存力强大的纸币,一定是与它相应稳定的国家制度紧密联系在一起的。

一纸没有任何价值与使用价值的纸本凭证,人们为什么会普遍地接受将它作为交换的中介?这当然只能归结纸币背后的真实承诺与保证者③。在稳定的经济社会中,任何个人或是机构的承诺与保证信用力量都是有限的,而唯有国家具有最为强大的信用力量。一个民主而合理的国家政权制度,是代表全体国民意志的制度,它是全体国民信誉的集中体现,只有它才能担当起纸币承诺与保证支持者的职责,人们之所以相信它的保证,既在于它信誉的最大性,又在于最大信誉的唯一性,除此不能找到他种更大的信用主体。就此而言,是建立于现代政权基础上的国家制度,支持了纸币作为价值承诺与保证的功能,以往需要

---

① 刘少军.信用货币财产权理论研究——对《民法典》草案中相关内容的质疑[EB/OL]. http://www.ccelaws.com/jingjifaxue/2009-01-01/5191.html,最后访问于2012年1月20日.

② 陈彩虹.纸币契约论[J].财经问题研究.1997(8):3-13.

③ 陈彩虹.关于统一货币问题[J].经济研究,1998(10):57-63.

由商品或是金银价值物等价表达出来的东西,现在由国家通过纸本货币的形式来表达。

(二)关于货币权力的研究

不少学者就货币权力的规范提出了各种观点。有学者认为个体作为金融市场中的主体,其个体性权利主张的对象是具有平等地位的金融相对人,其社会性权利主张的对象是金融自律组织和政府[①]。中央银行作为金融政府是金融货币主体社会性权利的主要供给者,在实现金融社会性权利中发挥着最重要的作用。保持货币币值的稳定是货币主体最核心的社会性权利,是中央银行的行为准绳。我国中央银行的货币权力必须以我国金融市场中的货币主体的、客观的、现实的需要为其指向。

周仲飞教授认为,银行监管机构独立对于有效银行监管和银行业稳定的重要性在经历了众多金融危机后逐渐被人们认识,恰当的法律制度安排是保障监管机构独立性的前提[②]。一国立法可以从履职独立性、人事独立性、财务独立性和监管责任豁免这些角度出发,构建银行监管机构独立性的法律保障机制。

吴志攀教授认为,历史还告诉我们,货币制度的目标主要是稳定币值,越稳定越能够减少市场的交易费用,有关汇率的法律制度和政策的改革必须与一国的经济实力相适应[③]。与美元和日元相比,人民币还很年轻,而且还是一个本土化的货币。因此,在安排人民币汇率的法律制度和政策时,一定要看到制度和政策背后更为复杂的社会现实和国际经济关系。

以法律的视角来看,金融监管无效的根本原因在于,实物经济形态下的法律,不适用于虚拟经济形态,其突出表现为以下四点[④]:其一,运用金融衍生工具而导致杠杆比例过大的投资银行,不应当适用有限责任的原则;其二,投行高管与公司之间不应当适用传统的代理法律关

---

① 张宇润.论中央银行在实现货币主体社会性权利中的作用[J].政法论丛,2011(4):3-12.

② 周仲飞.银行监管机构独立性的法律保障机制[J].法学研究,2008(1):40-50.

③ 吴志攀.美元、日元和人民币的历史告诉我们什么?——历史制度中的汇率改革[J].经济法论坛,2006:117-129.

④ 吴志攀.华尔街金融危机中的法律问题[J].法学,2008(12):29-35.

系;其三,投行利润极高,纳税的税率也应该相应提高;其四,信用评级公司出具错误的评级报告,要承担相应的法律责任。

杨松教授认为①,与一些发达国家及经济转型国家相比,中国人民银行独立性的水平还较低,除个别领域能够与之同步外,如与金融监管分立方面,整体上落后于强化中央银行独立性的世界潮流;在现实维度上,当前中国人民银行独立性程度不能满足经济社会发展的要求,自改革以来我国经历四次经济周期,波动幅度一次比一次大,且每一次波动都是以经济的急速下滑结束的,这说明中国人民银行的较低独立性影响货币政策"熨平"操作,难以实现币值稳定的目标,是构成经济大起大落的原因之一。

(三) 从宪法角度对货币权力的研究

单飞跃教授首先应用宪法视角研究货币问题,他认为不可兑现的纸币的信用基础是发行人透过货币契约对货币购买力所作的承诺,这一承诺是设定货币政策权力的目的性依据和约束性前提②。从维护持币人权利的角度考量,货币政策与其他宏观经济政策存在冲突的可能,货币政策权力有被金融机构俘获的风险,需要将货币政策权力置于宪法性约束机制之中,以保证货币政策的相对独立性。实现货币政策独立,需要在宪法性层面有效配置货币政策权力,其主要方略是:保障持币人对货币决策的参与和监督权,控制货币当局的货币政策制定权,约束行政当局的宏观调控权,反制金融机构的货币软权力。

货币问题原本就是宪法位阶上的权力问题与利益问题,货币权力与货币利益直接关联,货币不仅是经济生活中的公共经济基准,是基本的宪法经济介质,而且是产权价值内涵的外部延伸③。货币与财富间以及货币相互间的交换标准与交换水平,直接反映了社会的现时财富价格与物价水平。以《中国人民银行法》为例,这是一部经济宪法价值被极度低估的法律,以"保持人民币币值稳定,并以此促进经济增长"为货币政策目标的这一宪法精髓就是:货币与财富价值之间应当保持稳

① 杨松,闫海.中国人民银行独立性:条文分析与规范重构[J].时代法学,2008(3):18-26.

② 单飞跃,鲁勇睿.货币政策权力的宪法性配置研究[J].重庆大学学报(社会科学版),2011(3):109-115.

③ 单飞跃.宪法政治场景中的金融危机干预[J].法学家,2010(6):1-8.

定的恒比关系,货币价格的大起大落应为法律所控制。但实践中,货币政策多为政府偏好所左右,中央银行法往往被搁置一边。

继而,单飞跃教授认为,稳定币值与抑制通货膨胀一直以来主要被视作技术性问题,局限于在既有制度框架内进行最优或次优的选择尝试。货币危机的频繁爆发表明货币制度需要重新审视与考量①。货币因其凝结的集体意向性而具有社会契约的本质,对货币的一致同意汇集着交易主体对币值稳定的普遍信任。从应然价值维度分析,币值稳定是货币的质的规定。信用货币体制下货币权力如果不受约束,货币的本质会被篡改和剥夺,币值稳定就得不到保障。抑制通货膨胀,仅靠单纯的技术操作难以真正有效,必须在元规则层面确认货币的基础地位,通过货币宪法确立基本制度框架,约束政府对货币的干预,遏制其制造通货膨胀的政策能力,防止货币市场化带来的巨大损害,保持币值稳定,实现货币的合人类目的性。

二、国外研究状况

(一)对货币本质的研究

在人性论中,休谟对货币进行了符号学分析,强调了货币在个体间联络信任的作用。休谟也指出了货币是自生自发的演化而生的社会制度,它为市场交换提供了必要的社会纽带。休谟认为货币交易是人们对以物易物制度的升华,非实物交易中卖方出售商品或服务,换回的是承诺。休谟分析必定有内在机制创造出来约束人们的自私,使其履行对他人的承诺。对此问题的解决办法是经由惯例形成的同意,在其中一种符号可以发挥担保承诺的功能②。这个符号可以增进信任。最初这个符号由特定交易者间的承诺文书充当。休谟强调了货币在陌生的交易者间连接信任的重要作用,这使社会纽带能够进化,休谟、Horwitz③ 和齐美尔④对货币的符号学分析表明这个传统从 18 世纪便开始了。

休谟和奥地利学派都强调货币提供信任的能力,两者都预设,所有

---

① 单飞跃,何自强. 币值稳定的货币宪法分析[J]. 上海财经大学学报,2011(6):34-41.
② 休谟. 人性论[M]. 石碧球,译. 北京:中国社会科学出版社,2009.
③ Horwitz S. Do We Need a Distinct Monetary Constitution? [J]. Journal of Economic Behavior & Organization, 2011,80(2):331-338.
④ 格奥尔格·席美尔. 货币哲学[M]. 朱桂琴,译. 北京:光明日报出版社,2009.

人参与货币系统都有内在的利益,从而该货币制度以和谐的程序进化和发展①。他们预设所有的主体都因为新的社会形态、新的财产制度、新的交换机制和新的货币而具有内在的利益。换言之,所有主体将内化新的商业社会的伦理和行为规范。

最重要的制度是分配制度和财产制度。市场经济中,货币被视为天然等价物,劳动和商品被绝对的私人财产权所主导并在市场上进行交换。货币成为社会权力的最高代表,并使持有者可以运用这种权力。任何事物都可以出售和购买,个体通过拥有货币扩展了其作为人的能力。为了扩大社会权力,货币不能休息,必须被用作资本②。一般等价物在用作购买劳动和生产工具,投入持续和扩大生产中时,就转变为了资本。货币指代价值,而从资本的角度看,价值就是衡量社会控制的尺度。为了生产和扩大社会权力,货币资本必须在施加社会控制的过程中不断地被使用③。福柯指出④,这种创造性破坏与劳动的积累和资本的积累不可分开。货币作为价值的储备,也是指令的储备。好像货币使社会控制变成匿名和流动的,不再附着于特定的身份。替代赤裸裸的社会暴力、冲突和斗争,社会权力通过货币的表征,成为净化的面纱,掩盖了实际通过暴力强加的社会控制事实。货币也成为黑格尔式的主奴关系的信号工具而非常重要⑤。

法国经济学家 Bastiat 认为,银行券和存款账户不是实际商品货币的代表时是欺诈性的,如同仓库存单(收据)应当代表实际的非货币商品的物权,因此部分准备金制银行也是具有欺诈性⑥。他认为人们错误地将货币与财富混为一谈,这种错误的理念影响到公共政策后会导致无穷的损害。全球性战争,更严重的是纸币的产生都是此理念的恶果。他强调任何贵重金属都可以充当货币,任何数量的贵金属都足够充

---

① Vanberg, V. J. The Freiburg School: Walter Eucken and Ordoliberalism[R]. Inst. für Allg. Wirtschaftsforschung, Abt. für Wirtschaftspolitik. 2004.

② Cowen T, Kroszner R. The Development of the New Monetary Economics[J]. The Journal of Political Economy, 1987,95(3):567-590.

③ Nenovsky N. On Money as an Institution[R]. Icer Working Papers, 2008(1-2): 31.

④ 福柯. 规训与惩罚:监狱的诞生[M]. 刘北成,杨远婴,译. 北京:三联书店,2003.

⑤ 黑格尔. 精神现象学[M]. 贺麟,王玖兴,译. 北京:商务印书馆,2009.

⑥ Thornton M. Frédéric Bastiat's Views on the Nature of Money[J]. Quarterly Journal of Austrian Economics, 2002,5(3):81-86.

任货币。社会不能提供超出其接收到的服务,不能单纯地通过增加货币供应来解决社会问题和提高生活水平。通货膨胀对底层人的影响最大,工人的工资没有变化,而各种商品的价格已经提高。物价的上升不是立即完成的,也不是所有商品价格同等比例上涨,因此通货膨胀被用来解决社会问题①,特别是社会财富不均的问题,因为对于物价的波动,经纪人、商人敏于对价格变动的熟悉和观测而不会受损,而其他人则承担所有的不利后果。他进而认为,货币事关战争与和平、秩序和无政府。

新古典主义认为货币的本质是生产性的物质;而循环论者采取货币国家主义的观点,认为货币是信用,在现代经济中由银行的债务构成的纯粹符号,主要为资助工业生产而发行。循环论者认为,经济由各种具有不同目的和约束条件的社会团体构成,构建权威的货币经济模型就必须抛弃方法论和个人主义,而这是新古典主义的典型特征。货币国家主义可以修订为货币起源的新制度理论②,并在循环论证困境中引入微观经济元素。金属论和货币国家主义论争的中心在于货币的价值和货币的起源,两者强调了货币不同的基本职能,并应当采取两者都没有关注制度变化理论③。

(二)货币与宪法关系的研究

从不同国家1800年来近200多年的经验数据来看,货币制度或货币宪法对各种货币的长期通货膨胀偏好有重要影响,束缚住政府之手的货币制度下通货膨胀比其他国家要少得多。而经验事实是竞争性政治的结果,这导致政府迎合选民偏爱采取通货膨胀型的货币政策④。

货币是宪法的中心问题,对政府权力分配的考察最好从研究对货币的控制着手,因为政府任何事务的执行都需要花费资金。对货币进行控制,一定程度上也是控制了政策⑤。

① Bastiat F. What Is Money? [J]. Quarterly Journal of Austrian Economics, 2002,5(3):87-105.

② Knapp G F. The State Theory of Money[M]. New York: Augustus M. Kelley, 1973.

③ Zazzaro A. How Heterodox Is the Heterodoxy of Monetary Circuit Theory[R]? The Nature of Money and the Microeconomics of the Circuit, 2003.

④ Bernholz P. Monetary Constitution, Political-Economic Regime, and Long-Term Inflation[J]. Constitutional Political Economy, 2001,12(1):3-12.

⑤ Harden I. Money and the Constitution: Financial Control, Reporting and Audit[J]. Legal Studies, 1993,13(1):16-37.

因纸币本位制和凯恩斯主义的影响,货币成为政府宏观调控的政策工具。这些政策不仅不能抑制经济周期的发生,而且加重经济周期的影响,货币为政府所操纵成为经济不稳定的根源之一[①]。对于必须对货币当局自由裁量的货币政策的危害予以限制,学者很早就达成共识[②]。当代也有许多学者认为货币权力应该以固定的准则规范,而不是政府或中央银行自由裁量。公共选择论认为[③],只有明确规定的宪法制度才能保障货币免于政治引起的不稳定。布坎南等认为[④],货币宪法是不应该缺失的。弗里德曼的货币研究关注货币规则,他认为不能给予中央银行决策者宽泛的自由裁量权限,要建立稳定的货币制度使其免于政府不负责任的操纵,使货币权力不作为威胁经济和自由的来源,一个可行的途径是法治规则规范中央银行,通过立法为货币政策的行使制定规则[⑤]。货币权力的基本制度的建立可以使民众通过宪法权威控制货币权力,使货币免于日常政治变动的操控[⑥]。

货币政策的规则化作为货币的基本秩序下的具体制度,可以消除货币增长的随意变动,避免因此造成的经济不稳定和不确定性[⑦]。货币规则化的重要性得到普遍认同,但具体采取何种特定的货币规则,刚性货币规则的主张者内部也还存在分歧[⑧]。有学者认为[⑨],货币规则的重要要件是中央银行对货币总量的控制具有充分的有效性,广义的货币总量,如 M_2、M_3 虽然能够受到基础货币变化的影响,但货币范围越

10

---

① 布坎南,瓦格纳.赤字中的民主:凯恩斯勋爵的政治遗产[M].刘廷安,罗光,译.北京:北京经济学院出版社,1988.

② Brennan G B, Buchanan J M. Monopoly in Money and Inflation: The Case for a Constitution to Discipline Government[R]. Institute of Economic Affairs, 1981.

③ Down I. Central Bank Independence, Disinflations, and the Sacrifice Ratio[J]. Comparative Political Studies, 2004,37(4):399-434.

④ Buchanan J M. Constitutional Efficiency and the European Central Bank[J]. Cato Journal, 2004,24:13-18.

⑤ 米尔顿·弗里德曼,安娜·J.施瓦茨.美国货币史:1867—1960.巴曙松,王劲松,等,译.北京:北京大学出版社,2009.

⑥ Buchanan J M. The Constitutionalization of Money[J]. Cato Journal, 2010,30(2):251-258.

⑦ Friedman M. A Monetary and Fiscal Framework for Economic Stability[J]. The American Economic Review, 1948,38(3):245-264.

⑧ Weintraub R. What Type of Monetary Rule[J]? Cato Journal, 1983,3(1):171-183.

⑨ Fischer S. Rules Versus Discretion in Monetary Policy[R]//National Bureau of Economic Research Cambridge, Mass. , USA, 1988:1-48.

大,货币规则对其的调控越弱,因此最好使用基础货币作为货币政策的调控对象。与此观点相对应,有学者认为[1],对于市场和个体而言,更重要的是中央银行实行货币权力规则化的决心带来的稳定预期和信任,一旦中央银行对货币总量自由操控的权力被规范,约束货币权力的基本制度被确立,具体规则的细节安排可以根据经验逐渐发展出来。弗里德曼强调[2],对于规则重要的是要认识到不存在理想化的规则,随着知识的积累与进步,人们会创造新的制度安排来取代旧的。而且,当货币权力受规则约束后被作为准则得到人们广为接受,经验的积累和技术的进步有助于选择尽可能好的具体货币规则[3]。不管最后采纳了哪个规则,基本的一点是货币权力被逐步规范,货币规则必须长期保障所选择的货币总量增长率目标,以保障人们的预期稳定[4]。保障币值稳定的基本制度也必须考量执行的问题,货币权力的规范应当包含对权力行使者的责任性规定。Vaubel 主张以竞争性的方式引入货币宪法[5],但市场创造替代货币的力量并不足以约束货币垄断者的通货膨胀倾向,因此明确确立货币宪法制度是必需的[6]。实践中,欧洲统一货币的施行为货币理论和公共选择学者主张的宪法约束提供了良好机遇[7]。如果货币权力没有真正规范,货币仍然没有真正地被规则化保障,就免不了政治家操控货币以购买选票,货币稳定也只有在政府认为对其有利时才会存在,刚性的货币规则能够比自由裁量的货币制度更能带来长期的价格稳定[8]。

---

[1] Hetzel R L. The Case for a Monetary Rule in a Constitutional Democracy[J]. Federal Reserve Bank of Richmond Economic Quarterly, 1997,83(2):45-65.

[2] 米尔顿·弗里德曼,安娜·J. 施瓦茨. 美国货币史:1867—1960[M]. 巴曙松,王劲松,等,译. 北京:北京大学出版社,2009.

[3] M. Friedman. Should There Be an Independent Monetary Authority? In L. Yeager in Search of a Monetary Constitution. Cambridge, MA: Harvard University Press, 1962.

[4] Bernholz P. The Implementation and Maintenance of a Monetary Constitution[J]. Cato Journal, 1986,6(3):477-511.

[5] Vaubel R. Currency Competition Versus Governmental Money Monopolies[J]. Cato Journal, 1986,5(3):927-942.

[6] Buchanan J M. Reductionist Reflections on the Monetary Constitution[J]. Cato Journal, 1989,9(2):295-300.

[7] Martino A. A Monetary Constitution for Europe[J]. Cato Journal, 1990,10(2):519-534.

[8] D'Amico D. Buchanan on Monetary Constitutions[J]. Constitutional Political Economy, 2007,18(4):301-318.

　　布坎南秉持元规则的宪法思想看待货币,认为政治、经济、法律在两个层次上运作:一层是确认宪法性规则;另一层是在宪法规则划定的范围内实施政策①。对于货币,布坎南指出,首要问题是确定评价不同货币制度绩效的标准,使人们能选取满意的制度。货币与宪法的不同在于:通过货币政策影响宏观经济变量以达到特定效益的具体技术操作问题。如果人们能同意和接受评判货币制度的标准,那么货币政策就是纯粹的手段和技术问题,而不会产生基本价值的冲突。因此,只有建立起货币基本制度,货币政策、货币数量等技术问题才能真正发挥效力。布坎南认为,不受约束的货币垄断是 20 世纪 70 年代大通货膨胀的制度原因,政策决策者与普通人一样,以自己的目标而不是经济学的真理作为行为动机。政策完善只有首先改革指导政策运行的规则才能成功,宪法约束而非仅仅建议是规训政府的唯一有效方法,只有通过宪法规则约束货币当局的自由抉择权力才能抑制通货膨胀。

　　此外,布坎南还认为,恰当的宪法观为货币改革所必需。人们必须同意并遵守货币制度的基本原则,但恪守而不背离确定的规则是人类行为中最困难的。文艺复兴以来,任何事物的有效性都需要经过理性的检验,一切事物都须由讨论和质疑的实证精神的验证,再进行审慎的改良和修正。过快、过激的变化不合乎理性,也会导致混乱。在确定改变确实朝向更好的发展前,还是应接受当前的规则。只有通过对现行制度运行的长期观察了解后,才能确定是否需要基础性的即宪法性的改变。这需要恪守规则,在规则指导下进行长期博弈以正确评价该规则本身,这就是合理的宪法观②。

　　哈耶克阐释了这样一个观点:循序渐进的自生自发的秩序演进,作为看不见的手的作用过程,比人类刻意构造和设计的制度更优越③。建立货币的基本制度似乎是用一种人为的制度构造来取代看不见的手的作用。这种与哈耶克的观点矛盾之处在于,货币影响到我们每一个

　　① 布坎南塔洛克.同意的计算——立宪民主的逻辑基础[M].陈光金,译.北京:中国社会科学出版社,2000.

　　② 布坎南.规则的理由[M]//布坎南,布伦南.宪政经济学.冯克利,等,译.北京:中国社会科学出版社,2004.

　　③ Fischer S. Friedman Versus Hayek on Private Money: Review Essay[J]. Journal of Monetary Economics,1986,17(3):433-439.

人：一方面，我们作为货币的使用者遵循着特定的货币制度；另一方面，我们是货币制度的参与者，希望自己能够处于良好的货币制度中并期望通过自己的行为建立起这样的货币制度。如果现行的货币制度造成了很大的损失甚至是巨大的危机，那么改革货币制度就成为合理的或正当的了。

三、简要评价

货币一般被作为技术性问题，主要是经济学、金融学研究的重点，从基本的制度框架和基本制度层次探讨的并不多见。货币与宪法在德国是经济宪法下的一个分支，主要根据宪法文本和判例从宪法解释学的角度研究[①]。宪政经济学基于公共选择理论对集体决策过程的分析，指出货币的核心是要保障竞争与选择自由，而这就必须防止利维坦式政府对货币的操纵与相机抉择的货币政策[②]。我国学者对币值稳定与宪法关系也基于经济宪法的背景进行考量，并明确提出"货币立宪"，[③]但对理论前提和具体内涵没有进一步阐释。德国的货币宪法主要是对德国货币以及欧元历史发展中宪法关系的总结和提炼，较少涉及对货币的应然的规范性分析，使其货币宪法的借鉴意义受到局限。布坎南长期关注货币宪法，也论及货币的特殊性，但对货币的本质也没有详细的阐释；宪政经济学采取的是规范性分析方法，却正因如此而没有提供具体的制度建议。

13

第三节 研究思路与研究方法

货币的重要性毋庸置疑，本书在总结已有货币的相关研究的基础上，形成了自己的研究思路，并综合应用多种研究方法。

一、研究思路

本书首先分析货币历史的发展演变，认为货币的性质没有也不能

---

① Herrmann C. Währungshoheit, Währungsverfassung Und Subjektive Rechte[J]. Mohr Siebeck. 2010.

② Brennan G B, Buchanan J M. Monopoly in Money and Inflation：The Case for a Constitution to Discipline Government[R]. Institute of Economic Affairs. 1981.

③ 赵世义. 经济宪法学基本问题[J]. 法学研究，2001，23(4)：32-41.

改变,仍然是为人们普遍接受的交易媒介。"普遍接受"体现了货币的应然的规范性维度。货币,无论是商品货币还是信用货币,作为集体意向性的社会契约,是个体间的自由合意,有着维护个体自由和促进社会发展的重要作用。人们就货币的选择和普遍接受,具有元规则性的约定效力。人们在交易中愿意使用和接受货币,可以视为就货币代表的价值达成了一致同意。该一致同意旨在建立具有一致性、连续性和确定性、可预测性的货币制度,这包含着对货币权力进行规范时,以及货币权力主体应遵循基本规则的要求。从货币的发展历程可以看出,货币内在具有应然的币值稳定的制度要求,是构建货币基本制度的规范性起点。

货币在产生之际就具有天然的币值稳定属性,币值稳定从货币得以产生就属于其内在固有的本质属性之一。币值稳定这种货币的应然属性,在现实中扩展开来,构成了财政税收基本制度必不可少的保障。首先,只有规范的货币权力才能保证财政立宪真正有效。其次,价值稳定的货币对税收立宪具有保障作用,税收法定主义同样需要规范的货币制度的配合才能实现其目的。再次,货币具有财富分配作用。货币供应的分配作用,说明政府在货币事务上的短期机动行为。货币内在需要对币值稳定的保障,需要对货币权力进行规范。构建高级法层次的币值稳定保障制度,这既是币值稳定这种货币的天然元规则属性的逻辑展开和实然体现,又是规范货币权力、建立货币基本制度的应然性标准。

基本制度保障货币价值的重要作用是通过规范具体货币权力的行使实现的。对现实货币制度的分析表明,货币制度存在失范状况,约束货币权力的基本制度严重缺失。现实货币权力不受约束的状况,主要涉及政府、中央银行与国家这类主体,这需要建立能够规范这些主体的货币权力的制度,这为货币基本制度的构建提供了必要性和针对性。货币基本制度的构建是对货币制度失范状况的补正。货币基本制度的建立涉及对现有高级法中货币规范的修订与补充。

二、研究方法

本书在论述中应用了以下方法。

1. 经验分析与规范分析相结合

本书应用经验分析考查了货币的历史发展形态,从货币的发展历程中总结出货币的本质属性。同时本书应用规范分析的方法,探讨了货币在可能的原初状态下经由"无知之幕"或"不确定之幕"下人们的选择而具有了宪法属性,指出作为货币应然规范性的人们的普遍接受来自于货币属于类似财产权的自然权利,具有先于国家的自然正当,货币权利应当属于实然宪法中人们的基本权利,相对应的货币权力应当主要是消极性的保障性权力。

2. 历史分析与比较分析相结合

本书应用历史分析方法,论证了货币制度的演变和货币形态的变迁;还应用比较分析方法对比了商品货币和信用货币下货币权力的变动。

3. 理论分析与对策建议相结合

本书对货币的宪法属性进行了理论分析,同时论证了货币基本制度的必要性,为了将理论应用于实践,提出了央行独立性和货币政策规则化的对策建议。

4. 法学分析与经济学分析相结合

本书对货币的宪法属性进行了法学分析,在货币对财政、税收与财富分配作用的分析中采用了经济学的方法,力图对经济学分析提供的货币职能与作用以法律制度进行规范和保障。

第四节　创 新 之 处

本书的创新之处主要包括以下几个方面。

1. 货币与宪法具有内在联系

货币的本质是人们的普遍接受。从商品货币到不可兑换纸币,货币形态发生了较大变化,但货币的本质没有也不能改变,仍然是人们普遍接受的交易媒介。"普遍接受"体现了货币的应然的规范性维度,"交易媒介"是其经验性的主要职能。人们就选择特定物体作为货币形成公共合意,所以,商品货币是市场主体以事实行为达成的社会契约,商品货币以其内在的稳定价值保障了这一事实立约——宪法性约定。信用货币虽然是国家以强制力垄断货币而发行,但一旦人们在实际中使用它并逐渐对其形成普遍接受,则就是对信用货币达成一致同意。人们就货币的选择和普遍接受具有宪法性约定的效力,人们达成一致同意是期望获得一致性、连续性、确定性和可预测性的货币制度,这包含着对货币权力进行规范、货币权力主体应遵循宪法性的货币规则的要求。

2. 货币权力的规范需要宪法

现有的货币研究通常将货币视为民法中的动产或特殊物权,或者主要从国际法中的货币主权进行论述。本书认为货币作为类同财产权的自然权利,具有先于国家的自然正当性,货币权利作为个体的自然权利属于与财产权类似的消极自由。信用货币下货币权利最大的威胁来自于不受约束的货币权力的侵害,对货币权利的最有效的保障是控制货币权力。货币与度量衡一样,是市场正常运行必需的标准,货币的变动会影响所有人的权益。货币权力对财政立宪和税收法定主义有重大的影响。不受约束的货币权力下,政府任意改变货币数量和货币的购买力,影响了人们的财产权;货币政策的规则化,截断了政府通过行政立法制定货币扩张政策征收铸币税而侵犯税收立法权的途径;通货膨胀通常使人们的名义收入提高,但实际收入可能并未提高,甚至会有所下降,名义收入提高却使人们进入了更高的纳税等级,缴纳了更多的税收;通货膨胀能扩大人们的收入而提高了税收等级,使税收失去了稳定性和可预见性。同时,货币权力还具有直接进行财富分配的功能。货币供应的增加将财富从新货币较靠后的所有者向较靠前的所有者重新分配。要成为新增货币的较先或第一个使用者并不能依靠公开的规则确定,而是通过政府的货币政策决定。政府行使货币权力不但可以没收人们的财富,而且可以将财富进行再分配,将大多数多人的财产转移给了少部分最先使用新增货币的人。货币权利需要规范的货币权力予以保障。货币与货币权力的重要作用,使其不能只由一部分人掌握,必须置于所有的个体的控制中,这需要确立货币的宪法地位,以宪法约束政府的货币权力。

3. 货币基本制度的构建是对货币制度失范状况进行校正

现行货币制度存在失范,当代货币受制于政府的宏观调控,中央银行地位缺乏独立性,货币权力行政化。现有制度框架下政府缺乏节约开支、严格遵守预算的硬约束,这导致的最显著的后果就是公共债务的极速增长。政府可以通过大量发行纸币,绕过税收的约束,脱离宪法安排下对其的约束和控制。对货币权力的规范，主要通过明确货币的宪法性地位，确立中央银行的独立性，以避免民主选举政治对货币权力的影响和排除政府行使货币权力，同时将货币政策法律规则化以升华相机抉择，约束央行的行为。

第二章 货币的社会契约本质

货币有着极其久远的历史,从其发展的历程而言,可以划分为多个阶段,其中最重要的是商品货币和不可兑换纸币阶段。商品货币是货币发展中较早的也是持续时间较长的一个阶段,其形式体现为实物、商品或贵重金属,[①]商品货币既有货币的功能,又具有自身的价值。实物因其自身具有的价值为其作为货币提供了内在支撑,使其能够长期保持币值稳定。不可兑换纸币又可称为信用货币,是从可兑换纸币转变而来,在1971年美国关闭货币兑换窗口后,全球主要经济体国家的货币都转变为信用货币,信用货币成为现在使用的主要货币。无论商品货币还是信用货币,货币的本质属性无法改变人们对其的普遍接受,货币的应然规范维度使其与宪法紧密相连,并且货币与财产权的相互关系使其也成为一种自然权利。

第一节 货币的界定

一、货币的概念

学者们就货币的概念提出了许多不同的看法。早期学者对钱或货币一般以其功能来界定,除交易媒介、价值尺度与储藏手段三项基本职能外,还包括延缓付款的标准、记账单位(unit of account)等。有的学者也常根据货币具备的特定性质来界定它,认为货币需具备七项性质:实用性与价值、便于携带性、耐磨损性、同质型、便于分割性、价值稳定性和受认可性。

---

① Quiggin A H. A Survey of Primitive Money:The Beginning of Currency[J]. Taylor & Francis, 1949:1-2。

主流观点大多认为货币在社会中逐步演化而来。货币产生及货币以商品的形式存在持续了很长的阶段。货币被认为是商品且自身具有价值，这种观点直到近代还占据统治地位。从以物易物（barter）到交易媒介物的出现，再到媒介物转变为没有实用价值、只单纯作为代币（token），货币的发展经历了三个阶段[①]。新古典经济学、新凯恩斯主义和真实经济周期的货币理论对货币本质还是保持了基本一致的认识，即货币本质是交易媒介，是一个中性的外生变量，银行等金融中介也是中性的，经济发展根据市场机制最终能自动实现均衡。

与货币紧密联系的一个范畴是信用。"信用"的英文是 credit，它源于拉丁文 credo。信用（credit）意味着把对某物（如一笔钱）的财产权给以让渡，以交换在将来的某一特定时刻对另外的物品（如另外一部分钱）的所有权[②]，也指在得到或提供货物或服务后并不立即而是允诺在将来付给报酬的做法。有学者认为："信用就是对契约关系中义务承担者履约意向，履约能力和履约后果的确定性预期。"[③]

随着信用制度的发展完善，信用形式不断多样化，货币也逐渐与原来的实物性质相分离。在非主流观点看来，货币是一个非中性的内生变量，是一种"制度"，体现着债权与债务的关系。该理论认为货币起源于对国家创造的债权债务的量度与偿付。主权国家使用权力要求国民承担一定的税收负担，同时界定缴纳税收的法定货币，由此国家以税收制度创造了公众对主权货币的需求。主权货币因而是国家的负债，国民之所以持有货币是国家承诺接受该货币以缴纳税收，货币因此称为税收驱动货币[④]。

二、货币的形式

货币主要的形式可分为两种：即商品货币和不可兑换纸币。商品货币是由某种非垄断性的商品来充任货币，这种商品由于传统或自身

---

① Ritter J A. The Transition from Barter to Fiat Money[J]. The American Economic Review，1995：134-149.

② 约翰·伊特韦尔，默里·米尔盖特，彼得·纽曼. 新帕尔格雷夫经济学大辞典[M]. 第一卷. A-D. 北京：经济科学出版社，1992：773-779.

③ 吴汉洪，徐国兴. 信用本质的经济学分析[J]. 中国人民大学学报，2004(4)：61.

④ Tcherneva P. The Nature, Origins, and Role of Money：Broad and Specific Propositions and Their Implications for Policy[R]. Center for Full Employment and Price Stability, Kansas City, MO, Working Papers, 2005，46：3.

的特别性质被挑选为货币,商品货币与其他商品一样,具有稀缺性,并由劳动构成其价值。不可兑换纸币是一种符号性货币,它作为物质的价值与其标示的货币面值相分离,除了零币以外,一般都用纸张印制而成①。这种货币由国家制定发行,但依法不得兑换为自身之外的任何东西,不具有以客观标准表示的内在价值。不兑换纸币作为表征货币,离开国家法令或习惯之后,内在价值较小或根本没有②。

货币还有其他分类方法。实践中,银行票据可以在交易过程中非常有效地代替正式货币进行清算。当票据被用于这种方式时,就称为银行货币。银行货币在人们手中流转,和正式货币一起,用于交易清算。因此,国家货币或正式货币外还存在银行货币或债务支付票据,这说明了银行的货币创造功能。真实经济周期理论将货币划分为"内部货币"和"外部货币","内部货币"是指银行体系的创造货币,主要是金融机构根据贷款者需求应用货币创造能力供给的货币,"内部货币"的重要作用是减少交易成本、提高交易效率。"外部货币"是指政府发行的货币,仅仅决定名义价格水平,对真实经济变量没有影响③。流通货币主要是银行货币,银行货币在流通中具有压倒性优势,国家货币居于从属地位;在英国和美国等国家,银行货币约占流通货币总量的9/10。

银行货币作为银行负债,是由银行的资产业务所创造,并且使用该负债来清算债权债务、支付第三方债务。银行并不是融通储蓄者和投资者的中介,银行的负债能被广泛接受的原因在于银行的贷款和清算功能。由于存在银行违约的可能性,银行的债权人可能并不相信银行未来能完全偿付其负债,这就使银行必须与债权人建立良好的信任关系,银行需要以各种努力获得充分的流动性,它或者要跟其他银行建立良好的关系便于拆借资金,或者通过法定准备金从中央银行获得充足的流动性,或者参加存款保险制度,以获得债权人的信任。这些措施使银行货币逐渐建立起与国家货币大致相同的地位④。几乎所有的主权

---

① Wray L R. Modern Money[J]. SSRN eLibrary, 1998:8.

② Cuadras Morató X. Fiat Money, Intrinsic Properties, and Government Transaction Policy[J]. SSRN eLibrary, 2000:5.

③ Johnson H G. Inside Money, Outside Money, Income, Wealth, and Welfare in Monetary Theory[J]. Journal of Money, Credit and Banking, 1969,1(1):34.

④ Fullwiler S T, Bell S A, Wray L R. Modern Money Theory:A Response to Critics [J]. SSRN eLibrary, 2012:2.

国家都决定银行货币与国家货币一样被接受为税收的支付方式,银行货币与国家主权货币同样是权威的支付方式。

三、货币的界定

货币商品论认为,人们之所以接受货币是因为货币本身也是商品,货币的构成材料具有内在的价值或使用价值,因此能充当交易媒介和价值尺度。货币商品论非常适用于实物货币,但对于货币从商品货币转变为不可兑换的信用货币后,人们为什么接受不具有内在价值的纸币的这个问题,货币商品论就难以回答。纸币为何能替代商品货币执行其所有职能,以及为何纸币也能突破国界充当世界货币,这些问题在货币国家主义者看来,就是货币并不需要具有内在价值,货币是由外在于交换过程的权威所确定,即货币是国家法律的创造物。货币国定论一定程度上解释了现代纸币得以流通的原因,但又不能解释原始货币的产生。

货币理论中的两大传统观点货币商品论与货币国定论的争论,反映出货币的本质是商品也是符号(token),这两种观点实际反映了货币互相交错、不可分割的两面性:既代表了市场机制又体现出政治的力量,这两者作为货币价值的决定机制,并非非此即彼、对立排斥,而需要考察两者的互动关系。

本书所取的货币定义为——人们普遍接受的交易媒介,"普遍接受"体现了货币的应然的规范性维度,"交易媒介"是其经验性的主要职能。货币作为交易媒介,以及货币被赋予价值,且能在未来换取相应价值的其他商品或服务,并且货币的价值与当地的政治经济和文化传统密切联系。被人们普遍接受的观点实际上马歇尔和维克塞尔两位学者也主张过,马歇尔认为,某物如果被用作货币,则以之支付商品或服务时,接收方必然没有怀疑或特别询问;维克塞尔主张,货币作为交换媒介时,必须被使用者习惯性地并毫不犹疑地全然认可。这也就是说,特定物品作为交易媒介物而使用不会考虑使用者的身份或因使用者身份而被质疑,以及不需再次订立协议即可被人们认同、接受,因此货币被选择或被接受是人们在交易中以行为达成协商一致的结果。

货币需要人们的普遍接受性强调了社会成员在货币发展中的主体性,何物被接纳为货币以及货币价值的确定,都需要个体的主观认知和互动协商。只有通过相互协商,特定的物体才能被市场主体接受成为货币,才能辐射整个交易领域。此外,通约性被认为是货币影响力的特质,可导致社会变化。然而要取得通约性也需社会成员的普遍认可,仍然涉及互相谈判协商。

商品货币依靠该实物本身的稀缺性、广泛的实用性等来提供普遍接受性,商品货币本身能够满足持有者某种的需求,例如,黄金货币的稀缺性和长期形成的习俗能提供较稳定的普遍接受性。而不可兑换纸币作为信用货币为人们接受来自于国家权力的强制,但要得到人们普遍接受则需要保障纸币较稳定的购买力,而目前的信用货币滥发的可能性使其普遍接受性蒙上了阴影。现在的信用货币其普遍接受性的范围也受到国家疆域的限制。货币需要社会成员的认可,这一般是将货币置于有疆域的社会中而言。人们的交流与互动是人类的常态,尤其是人们间的贸易往来,早就突破了国界的限制,全球化成为重要的发展趋势。在一定疆域范围内人们对于何物作为货币可以由国家的认可作为协商一致的代表,但在不同国家的人们进行贸易往来时,何物可被共同认可为货币,也是十分重要的议题,这都涉及交易者对跨国货币的协商与货币的国际秩序。

第二节　商品货币与一致同意

商品货币是货币历程中较早出现的一种类型,商品货币使用的时间也非常久,商品货币影响和塑造了人们对货币的观念,在其他货币形态上也打下它的烙印。商品货币由其自身价值保障流通,货币的价值由市场的供给和需求进行调整,市场主体能平等地行使货币权利。换言之,商品货币下货币权利和货币权力没有区别,商品货币也跟财产一样也是人们自然权利的客体。

一、商品货币的普遍接受性

合作能得到比单独生产更高的回报率,这促成人类彼此合作。当货币还未产生时,人们间的合作受到很大限制。物物交换,需要交易双方需求的双重巧合,物物交换只有当交易各方刚好对对方来交易的物品有直接的个人需要时才会发生。这些问题可以通过间接交换来解决。物物交换下不能开展的交易现在可以通过一次额外交换和使用交易媒介而完成。交易媒介带来的间接交换为交易者间的合作提供了额外机会，它促进了劳动分工、推动了物质和精神财富的进步。

历史上许多的商品都充当过交易媒介，常见的有贝壳、烟草、铜、白银、黄金等。贵金属具有贵重、易于保存、易于分割、质量稳定等物理特性，比其他商品更适合作为交易媒介。[①] 当一种物品作为交易媒介被社会所普遍接受时，它就成为"货币"。在货币如何定义的问题上，有些定义主要关注货币的物质要件（如便于携带等）；的确，某些物质性的条件使特定物品容易被接受为货币（例如贝珠或金属），但这些要素并非是界定货币的充要条件。早期研究对货币定义列举出的要素中，往往偏重静态的功能性特征，后来的学者大多避免过于狭隘的定义。贵金属等成为货币是一个渐进的发生过程，比较成熟的形态是铸币。铸币是在适量贵金属上铸上印记证明其重量而形成的。典型的印记主要是标记该钱币重多少克或多少盎司（毛重），以及包含多少比例或含量的贵金属（纯重）。这也是钱币的名称通常是重量名称的缘由，如磅、马克、法郎或埃居。铸币无疑增加了间接交易的效益，节约了交易费用，人们在使用贵金属时不必花费成本进行金属称重和熔化工序，通过铸币上的印记的计算就可以判定贵金属的重量。越来越多的市场主体为了各自的利益，决定在他们的间接交换中使用某种特定的贵金属而非其他商品。对货币的理解主要以贵金属货币为样本，贵金属货币因自身价值而为人们所普遍接受。货币形态虽然又发生了很多变化，但货币必须为人们普遍接受而具有价值仍然是货币信用关系的核心。货币的本质必然是为人们普遍接受而具有价值这一内容，信用货币一旦因不再获得人们的普遍接受而失去了价值，则货币也就失去了自身不能再充当货币[②]。因此，价值内容作为货币的本质必然伴随着货币。是货币的历史演变是经人们选择所产生的，它是许许多多个人选择自发趋同的结果，而贵金属的自身的物理特性客观推动了这一趋势。

在物物交换中，交换没有借助媒介，交易双方以自己的货物为对方

① 周汉勇. 从货币形态演进看货币本质问题[J]. 世界经济情况，2009(3)：56.
② 李国疆. 货币本质：制度演进视角的解释[J]. 云南财贸学院学报，2003(3)：33.

提供价值保证,除此以外没有其他保证,交易者价值的实现就全部依赖于对方的交易物品的价值。间接的商品交换中,货币解决了"需求的双重巧合"和"时空的双重巧合"同时得到满足的难题。交易者将商品换成货币后,货币可以转化成任意的商品和服务①。由此,交易者通过商品转换为货币摆脱了对交易对方的商品的依赖,交易者价值的实现可以由货币能交换的所有商品为保障。当然,这隐含着必要的前提是人们都相信能在将来某个时间或地点将货币再次交换成所欲的商品来满足自己的需求。正是这种对货币媒介物的认可和信任,支撑起货币在经济主体间所连接的信用关系,当然此信用关系,根据不同的货币形态,有不同的基础和特点。

某商品之所以能成为其余商品的等价形式,关键在于这种被选择作为等价物的商品必须具有价值和其他属性,能够满足交换主体的需求,具有普遍的可接受性。在商品交换的早期,人们交换的目的主要是为了使用价值,两种商品,作为实体本身都具有价值和使用价值②。当它们处于交易中,则两种物品之间的发生价值关系,交易形成说明它们等价关系。马克思指出"商品的等价形式不包含价值的量的规定"。马克思认为商品价值的属性产生货币的属性,由于商品价值具有一般性、可等分性、可交换性,商品货币因此成为一切商品的一般尺度、一般的交换手段。人们放弃一种使用价值是为了换取另一种使用价值,如果某物不具有普遍接受性的使用价值,它就不能充当等价物。一般等价物究竟由哪种具体商品来充当,具有一定的偶然性,但普遍接受性和具有使用价值两种性质必须具备,不论是因有使用价值而被普遍接受,还是被普遍接受而具有使用价值,这两种情况都有决定性的作用,分别体现为货币形式或者是最重要的外来物品,或者是当地可以让渡的财产。

商品货币相对于其他价值物(valuables),是惯常使用的交易媒介。但货币一定程度也具有可消费性,如金属货币,在作为交换媒介物时,金属货币自身的确不用于消费,然而金属货币在作为交换媒介以外,还可以制作为器皿和工艺品或装饰品,后者则使金属货币具有可消费性。

---

① 尹龙.货币性质的再认识与货币供给理论的发展[J].金融研究,2002(1):56.

② 刘颖.货币发展形态的法律分析——兼论电子货币对法律制度的影响[J].中国法学,2002(1):82.

Paul Einzig 对货币进行更为宽泛的界定,强调了货币可作为付款手段(payment)和被社群普遍认可的两个方面①。前者实际涉及两个层次:即货币作为交易媒介;货币被赋予价值,且能在未来换取相应价值的其他商品或服务,并且货币的价值与当地的政治、经济和文化传统密切联系。

商品交换过程中产生的货币,也是交易习惯的产物。习惯作为人们处理熟悉环境中大致相同问题的行为准则,它来源于人们对先前行为的遵循,并由人们反复实践而延续、积累。由于习惯的软约束力,其产生和遵守更多是一个自发过程。那么作为自发产生的具有普遍接受性的商品货币何以能保证交易双方信守承诺而使交易持续进行呢?换言之,货币以怎样的机制以维持具有不同特征的交易关系呢?如果货币不具有保证交易双方的诚信和约束欺诈行为的机制,则互利共赢的交易就不可能发生②。对于自发产生的商品货币而言,它之所以能够流通,就在于它的自身价值被普遍接受保障了它在流通中的信用。人们愿意普遍接受某种物体作为交易媒介,在于基于交易媒介能够为市场交易和社会生活带来的好处,人们就某物作为货币达成了社会契约。

货币以商品货币形式出现时,交易者的不诚实行为较为容易观察。商品货币的产生具有一定的偶然性,它在习惯性的使用中逐渐为人们接受,广泛的使用为其加强了信誉,而信誉机制又更能保证此商品作为货币的流通。当然,商品货币的出现虽然提高了经济效率和促进了经济发展,但它是经由习惯而逐渐形成,这使其与一定范围的地域和社群紧密联系。商品货币的使用首先是在当地的范围内,而要走出的地理性和文化性的边界,需要交换的发达和货币形态自身的更新。

市场主体自愿合作所采取的货币是在不侵犯他人财产,且自身财产也不受侵犯的前提下共同选择的。人们对特定货币的选择不仅在于它们被用于相互交换,还在于它们由于能较其他交易媒介更好地满足人类需求而存在。如果货币的作用不复存在,市场主体就会选择抛售原来的货币,采用其他的货币,这种选择的自由可以保证一种最优货

25

---

① Einzig P. New Light on the Origin of Money[J]. Nature, 1948,162:983.
② 赵智锋,郑飞. 论货币的本质是价值信用关系[J]. 当代经济研究,2008(10):17.

币——货币的基层民主式筛选①。黄金、白银和铜几千年来就一直是人类社会的货币,除了它们的物理特性使其较其他商品更合适于货币之用,也是因为自由人自发地选择了它们作为货币。我们无法在先验的基础上确定哪一种东西可以是社会的优质货币,发现它的唯一途径只是让人们自由交往,从可选物品中选择最好的交易手段。商品货币作为市场力量的自发产物,市场主体的选择在其产生中发挥了决定作用。

二、商品货币普遍接受中的一致同意

货币要素之一的被普遍接受性强调社会成员在货币发展中的主体性,何物被接纳为货币以及货币价值的确定都需要个体的主观认知和互动协商。交易是以物易物还是使用货币的方式进行,这可能存在着认知上的差异②。交易者对于什么是货币可以有不同的认知,需要经过协商才能统一。从协商一致的视角看待货币,则货币的功能也需重新审视。一方面,何物能够成为货币只有通过相互协商,特定的物体才能被市场主体接受成为货币,才能辐射到整个交易领域③。另一方面,通约性被认为是货币影响力的特质,可导致社会变化。然而要取得通约性也需社会成员的普遍认可,这仍然涉及互相谈判协商。

货币需要社会成员的认可,一般是将货币置于有疆域的社会中而言。人们的交流与互动是人类的常态,尤其是人们间的贸易往来,早就突破了国界的限制,全球化成为重要的发展趋势。在一定疆域范围内人们对于何物作为货币可以由国家的认可作为协商一致的代表,但当不同国家的人们进行贸易往来时,何物可被共同认可为货币,是十分重要的议题,也是当代社会中常见的现象。在国际金融市场的外汇买卖中,俄罗斯等国家,在其国内货币不断贬值的过程中都出现了美元热的现象,这都涉及交易者对跨国货币的协商。历史中任何货币的使用一

---

① Bernholz P. Monetary Constitution, Political-Economic Regime, and Long-Term Inflation[J]. Constitutional Political Economy, 2001,12(1):5.

② Chung J J. Money as Simulacrum: The Legal Nature and Reality of Money[J]. Hastings Business Law Journal, 2009,5:121.

③ Chown J F. A History of Money: From Ad 800[R]. Routledge and the Institute of Economic Affairs, 1994.

定会有范围和边界的问题，因此货币内在具有辐射面的性质，使用中的货币处于一定人群的协商之中。

货币的一项要素是被社群普遍认可，此观点的形成可上溯到马歇尔和维克塞尔两位学者，马歇尔认为某物被视为货币，则以之支付商品或服务时，接收方必然没有怀疑或特别询问；维克塞尔主张货币作为交换媒介时，必须被使用者习惯性地并毫不犹疑地全然认可[①]，这包括两个基本要素：此媒介物的使用不会考虑使用者的身份或因使用者身份而被质疑，以及不需再次订立协议即可被人们认同、接受。对于原始货币，前者不构成问题，但不能满足后一要素，因为货币被选择或被接受是协商一致的结果[②]。足够多的社会成员接受而成为货币的这个层面，常被视为理所当然而忽略[③]。

货币在一定程度上是社会契约的载体。在市场交易中，货币使用者可以迅速行使这种财产权。货币从最初的财产转变到以流通工具、交易媒介为主要职能，其成为市场主体一致同意的属性越来越突出。货币由于为市场交易主体的一致认可而得以普遍使用，超越了单纯的私人财产而具备了公共属性，人们就选择特定物体作为货币形成公共合意。所以，货币是市场主体以事实行为达成的社会契约。历史上使用过的实物货币是某种特定物品，有些本身不是劳动产品，几乎不具有价值或者使用价值。从物的角度来看，它们被用作货币，可能是有些实物货币具有稀缺性、耐用性、便携性等物理性质；从社会角度来看，特定的实物货币之所以流通，与某一部落或社群相联系，必定是该货币受到该部落或社群人们的普遍认可。不论这种认可的形成或者说信用的保证源于特定的习俗、习惯、约定还是归因于其他原因，可以说，"原始货币制度的基础不容置疑地含有信用因素"[④]。

商品交换中，一方出让自己的商品，换回货币，作为商品交换媒介的货币体现了交易双方间的信用关系。这是一种特殊的包含价值的信用关系，体现了人们对货币作为交易媒介所指示的价值的认可和信赖。对于不同的货币形态，货币的价值由不同的主体以不同的方式赋予。

① Einzig P. New Light on the Origin of Money[J]. Nature, 1948,162:984.
② 韦森. 从语言哲学看货币的本质[J]. 哲学动态,2003(8):15.
③ Papadopoulos G. Money as an Institution[J]. SSRN eLibrary, 2008:15.
④ 夏丹阳. 货币理论与货币政策研究[M]. 北京:中国财政经济出版社,2004:39.

最原初的货币形式是实物货币,其价值来源于部落或社群的普遍接受而产生的信用,随后的商品货币和称量的金属货币,其价值由自身内在价值保证。从铸币开始,货币的价值来源逐渐外在化,更多地来自货币发行主体的信用保证。并且货币的发行主体也在不断变化中。沈国兵指出,"主权国家作为货币制度变迁的强势代理人,它的强制推行使信用货币迅速地扩展到整个主权疆界范围内",继而"共同市场货币"代替了"主权信用货币",将货币的范围从一个"国家"扩展到一个更大的"市场",欧元就反映了这样的发展过程①。

货币并不是单纯的技术性工具,人们基于对安全、效率与幸福的追求对货币的认可达成一致同意形成社会契约。货币由人们一致同意而得以认可,"货币的使用就是这样流行起来的,这是一种人们可以保存而不至于损坏的能耐久的东西,他们基于相互同意,用它来交换真正有用但易于败坏的生活必需品"②。货币不是刻意发明的产物,而是通过人们的约定或习俗这种方式而成为人们公认的价值尺度和交换工具的③。"货币的起源完全是自然发生的,它不是国家的发明,也不是立法行为的产物。"④货币作为自发秩序,要求人们涉及货币的行为应当处于特定的规范状态,即人们的行动和交往中应当表现出来常规性和划一性(uniformity)。⑤

秩序作为社会生活中的一种一贯性和恒常性,在本质上意味着个人的行动是由成功的预期所指导,而币值稳定作为货币的质的规定性能够为交易者提供相互合作必需的信心与预期⑥。稳定的货币才能使人们的财产不会受通货膨胀的剥夺,能排除不确定性作出合作行为与交易预测。人们一心为了自己生产达到价值最大化,盘算的也只是自己的利益而努力提高自己产品的质量、尽量购买质优价廉的商品,但却受看不见的手的指引,一方面自己生产的优质产品给买方使用的货币提供了坚实的信用支撑,同时其购买质优价廉的商品的要求又增加自

---

① 赵智锋,郑飞.论货币的本质是价值信用关系[J].当代经济研究,2008(10):17.
② 洛克.政府论(下篇)[M].瞿菊农,叶启芳,译.北京:商务印书馆,1982:47.
③ 休谟.人性论[M].石碧球,译.北京:中国社会科学出版社,2009:441.
④ 门格尔.国民经济学原理世纪文库第一辑[M].刘絜敖,译.上海:上海人民出版社,2001:294.
⑤ 哈耶克.自由秩序原理[M].下册.邓正来,译.北京:三联书店,1997:62.
⑥ 哈耶克.自由秩序原理[M].下册.邓正来,译.北京:三联书店,1997:160.

己手中货币的购买力,无意中构成了有益社会整体的秩序——健康的货币①。人们通过追求自己的利益,基于对相互认可和信任的一贯与永久的期望,客观上以行动对稳定的货币达成了一致同意。

第三节　信用货币的本质

现代性的内在逻辑就是花费更小的成本取得更大的利润,这必然要求无休止的变革和创新,货币的形态演变就是其体现之一。信用货币的产生导致货币权力结构改变,而货币的本质却没有变化②。

一、信用货币的起源与发展

随着市场交易的发展、钱庄出现,人们在交易中逐渐使用金票或银票替代贵金属铸币本身。17 世纪西欧在钱庄的基础上出现了部分准备金银行,银行券的发行开始替代完全准备金制的金票、银票。19 世纪英国为了替政府筹款,赋予英格兰银行特权,英格兰银行发行的银行券为法定货币。

18 世纪以前的学者似乎难以设想纸币存在的可能性。纸币是从 18 世纪开始,经过 19 世纪的发展,在 20 世纪普遍实行的。纸币的最初形式体现于钱庄开出的贵金属收据和存单,这些纸质凭据可以兑换成黄金和白银,当这些贵金属的替代品广泛流通时纸币的观念逐渐在市场交易者中加深。纸币的大规模使用是政府融资的需要。现代政府发行纸币,用法律规定要求公民必须接受这种法定货币。政府通过禁止人们使用金银和其他合适的货币,并通过中止承兑,将可承兑金银的银行券转变成了纸币。

金属货币时代后期,政府垄断了货币的发行,取缔了货币的私人铸造以保证铸币的成色,同时政府通过垄断货币铸造也获得了"铸币税"。但货币的名义价值仍然是由充当货币的商品供给和需求的市场机制决定的,当该货币商品供给增多,其名义价值就会下降,反之则上升。在可兑换纸币的情形下,政府垄断货币发行需要以足够的贵金属储备为

---

① 亚当·斯密.国富论[M].郭大力,王亚南,译.上海:上海三联书店,2009:27.
② 魏建斌.货币本质的不可超越性[J].教学与研究,2005(6):89.

条件,政府需要保证纸币能够兑换成贵金属储备。纸币的价值是由能兑换的贵金属储备的价值决定的,而储备金属的价值还是由市场决定。在可兑换货币制度下,虽然一般情况货币的持有者不会同时将货币兑换为贵金属储备,货币的发行理论上可以超过储备数量,但为了维持货币的价值,货币的发行量必须控制在一定的范围内并维持与贵金属大致的比例关系。当储备贵金属与货币的兑换价格难以维持时,政府放弃了将货币兑换为贵金属的承诺,可兑换纸币转变为不可兑换货币(fiat money)[①]。不兑换货币一般由一国中央银行发行,它是不具有内在价值的纸币或者贱金属零币,无法兑换成贵金属储备。虽然不可兑换纸币的发行基本没有成本,但其数量变化还是会导致价格变动。为了维持不兑换货币的币值稳定,货币发行还是必须遵循货币数量增长规则,同时实行严格的财政预算制度,这样才能确保不兑换货币发挥与实物货币一样的交易媒介功能,加之货币当局的独立控制才能保证不兑换货币的自然属性和外生特点。

可承兑纸币演变为不可承兑货币,货币发生了最重大的跳跃——信用货币完全脱离了以往货币具备的完全或部分实物属性,以一种纯粹的信用形式出现[②],国家以主权权威保障其效力,其流通的信用来自于国家的强制信用。纸币较少自发地产生于市场过程,它大多依靠政府的权力和特定法律特权的而得以确立[③]。纸币的确立大致要经历这样一个过程:首先,政府通过规定货币的币种和币值,确立指定某种贵金属能成为货币的权力;然后,政府通过赋予一家部分准备金银行特权,将其发行的银行券确立为垄断性的法定货币;最后,具有垄断地位的作为法定货币的银行券把其他交易媒介逐出市场后,政府允许这家银行(已成为事实上的中央银行)拒绝承兑其银行券,该拒绝承兑把以前的部分准备金银行券就转变为不可承兑纸币。

今天几乎所有国家采用的是不可承兑纸币制度。纸币的使用,不

① Selgin, G W, L H. The Future of Fiat Money: A Mengerian Perspective in Carl Menger and the Evolution of Payments Systems: From Barter to Electronic Money[M]. Michael Latzer Stefan Schmitz Eds. , Cheltenham, UK:Edward Elgar. 2002:139.

② Hoppe H H. How Is Fiat Money Possible? —or, the Devolution of Money and Credit[J]. The Review of Austrian Economics, 1994,7(2):55-62.

③ Lerner A P. Money as a Creature of the State[J]. The American Economic Review, 1947,37(2):313.

可否认具有自身的优势，比如纸币的生产成本低，其数量可根据经济发展和贸易需求进行及时的调整，其数量易于为政府所控制以便稳定货币单位的价值。但从历史记录来看，有学者认为在人类历史上，信用货币不是在市场交易过程中自发出现的，这是一个明显的事实。其存在不能单纯依靠强制。

二、信用货币的价值基础

货币可以通过各种票据或纸片，以及经授权的电子数据履行交易媒介职能。用于结算的票据、纸片或电子数据本身并不具有价值，有学者甚至因此认为它们不是货币，而是货币的载体、货币代表物。人们为何会把没有价值的纸片作为货币使用？一个原因是这些纸片具有内在特性，使其能作为交换媒介的更好选择；另一个原因在于这样的事实，即不可兑换的信用货币如果没有国家强制力的支持不会轻易出现。从经济学的视角看，货币在经济中的流通是因为人们为交换的目的在一种或几种客体上的协商选择。具体选择某种物体作为货币使用是许多个体在交换过程中最优选择的行为结果。那么信用货币下人们为何会选择没有价值的纸片作为货币？人们选择货币的一般原因是货币的客体具有内在特性，如便于储藏、质量稳定、易于保存等，这些性质能使其成为充任货币的良好选择，显然，不可兑换纸币不具有商品货币特别是金属货币的这些特性。

实物货币如普通商品货币或金属货币，之所以能被当作货币，除了其具备的容易鉴定、分割、携带、耐用的性质外，主要还是由于它们自身具有凝结了人类劳动的价值，这些价值被广为认可，因而实物商品很自然被当作货币。实物货币自身的价值，使人们在商品交易中能有信心地接受，并将它们在交易中普遍使用，使其具备了普遍接受性。弗里德曼指出，在经济交往比较简单的部落，人们甚至开采青石块来作为货币，由于青石块的流通功能被部落普遍同意，当人们进行交易时，往往不用互相搬动巨大的石块，只需要在石块上做下记号就完成了货币的交付，货币体现出了明显的人们协商一致的意向协同性。

现代国家对经济有重大的调控和管理职能，货币由于其对经济的重要作用，必然受到国家权力的重视。20世纪初，开普纳等学者提出"货币由国家所创造，是国家权力的产物，其价值由国家的法律所规定"

的观点①。不可兑换纸币作为广为接受的交易媒介是现今货币制度的特征,其原因在于,每个人都接受这些纸张,这是因为他坚信别人将接受这些纸张。这些绿色的纸张具有价值,这是因为每个人都认为它们具有价值;而每个人都认为它们具有价值,这是因为在他的经历当中它们已经具有了价值。如果不存在一个共同的,且普遍为人们所接受的交换媒介,那么我们的经济连现有生产力水平的一小部分也达不到;然而,这一共同的且普遍为人们所接受的交换媒介本质上却是一种社会常规,这种社会常规的存在完全归功于人们对从某种观点来说,明知不符合实际而习惯上仍然采用的东西的相互接受。各种货币形式能够现实地发挥作用,其基础是种种方式所保障人们的普遍接受,商品货币是以其自身价值为担保,纸币则由国家的强制力量作为担保。

物体成为货币的关键在于它们要获得人们的广泛认可。虽然在部落或社群的特定的范围内,货币可以依靠特定的习俗、习惯和约定而获得流通的普遍信任,但是这种信用关系还是比较有限的。随着商品交换不断拓展到新的范围,货币需要获得新的接纳和认可,而部落范围内的习俗惯例的作用可能不再有效,货币的普遍信任需要借助具有自身价值的商品,即商品货币来维护和保证。商品货币逐渐过渡到贵金属货币,贵金属货币的最初形态是称量货币,其具有的足值价值保证了其信用。金属铸币使贵金属的价值单位化以便利交易,即便在金属铸币足值的情况下,其信用保证除了贵金属内在的自身价值外,铸币发行者(特定的个体、团体或者国家)的信用也成为重要因素。正是铸币者的信用保证了每次交易中金属铸币都是足值和纯质的,不需要称量和检验。作为交易的媒介,货币只要有发行者的足够保证,其自身的价值可以是足值的,也可以是不足值的,更可以是没有的。不可兑换纸币不能兑换成贵金属,其基本不具有自身价值,作为交易媒介的价值取决于发行者的信用。

而当人们对货币的流通职能产生怀疑时,便会拒绝接受和使用,这时货币就不能发挥作为交易媒介的作用。具有价值储藏作用的物品,由于其自身具有价值,一般不会被普遍拒绝和停止使用的②,这从历史

---

① 刘新华,线文.货币的本质:主流与非主流之争[J].经济社会体制比较,2010(6):176.

② Dorn J. Introduction: Alternatives to Government Fiat Money[J]. The Cato Journal, 1989,9(2):278.

中纸币失去信用被人们拒绝转而使用实物货币的情形中可见一斑。各种形态的货币如果不能为人们所普遍接受，那么其交易媒介的作用就无法体现，也就发挥不了货币的价值。商品货币自身包含了由人类劳动构成的价值。商品货币受到人们的广泛认可和一致同意，主要基于货币本身具有价值、货币具有价值储藏职能。商品货币即使无法作为货币而使用，仍有作为一般商品的使用价值和价值，这容易导致人们认为所有货币本身都有独立、固有的价值。作为信用货币的纸币自身几乎没有价值，它是依靠国家法律和国家信誉保障而发挥货币的作用①。

随着计算机的普及和网络技术的发展，电子支付系统和电子支付工具也逐渐完备，现金使用在逐渐减少，货币的形态逐渐从有形向无形演变②。电子货币是指代表一定金额的电子数据，通过计算机和网络等电子化方法将该数据直接转移给支付对象进行交易、清偿债务的货币。电子货币应用银行和非银行金融机构的网络系统，将货币转化为电子数据来记录和转移资金、进行划拨和支付清算及存储。电子货币可以通过银行卡、网上银行等方式完成支付。电子货币将现金或存款无纸化、电子化和数字化，证明了货币作为人们协商一致的公共意志的体现，可以采取的便捷、经济的形态。电子货币提高了货币流通的效率和速度，大大降低了交易费用。电子货币作为与网络和信息化时代相适应的货币形态，会不可避免地逐步取代传统的货币。电子货币使货币载体与货币本身之间发生了根本性的分离，对货币的概念和货币理论都产生重大影响。

国家的强制力促成了商品货币向不具有自身价值的纸币演变，这是货币形态演变中重要的一环，货币的价值与其自身价值真正分离。这个意义上，电子货币与纸币没有本质区别，只是一种效率更高的支付方式取代了先前效率较低的支付方式，仍然属于信用货币。电子货币主要由金融机构等微观经济主体发行，中央银行则负责金融流通的公共法律秩序和对电子货币发行资格的认定，电子货币的流通取决于发行主体的信用和代表国家的中央银行的认可。从制度演进的角度看，

---

① Dowd K. The Emergence of Fiat Money: A reconsideration[J]. Cato Journal, 2001, 20(3):473.

② 黄正新.货币虚拟化发展趋势及其功能变异[J].经济学家,2001(5):110.

有学者认为货币实质上是个信用问题,货币作为信用的载体本质就是以种种方式获得人们的普遍接受。

不可兑换纸币和电子货币等货币形态的普遍接受性,是由国家以强制力或企业以其信用保障其作为交易媒介并实际得以大量使用而获得的。从货币形态演进历史来看,货币形态不断地在发生变化以方便使用,无论何种物体要成为货币必须为人们所普遍接受,这可以作为货币的本质属性贯穿各种形态的货币形式,即使是信用货币和电子货币。信用货币具有的普遍接受性更为明显。信用货币所指示的价值远远高于其载体的自身价值,比如纸币。不可兑换货币之所以能成为货币,一方面是法律赋予了其强制流通的能力和流通价值;另一方面,还是需要人们对其代表的价值普遍信任,使其获得普遍接受性。否则,即使是国家权力强制流通的法定货币,如果不能保障其代表的价值而使其失去人们的普遍信任,其也不能发挥货币的职能而会被抛弃,第一次世界大战后发生超级通货膨胀的德国马克就是明显的例证。对于电子货币这种不具有形态的新型货币,其载体的价值和其代表的价值更是分离得已经找不到联系,如果没有人们给予的普遍接受性,人们不信任其所代表的价值而拒绝接受,将会毫无用处[①]。因此,无论货币的形态如何演变,货币必然具备为人们普遍接受的这个本质属性。

货币的价值,无论是基于实物货币的自身价值,还是如货币国家论认为的由国家法律决定,货币作为交易媒介和支付手段,必须为人们普遍接受这一属性都是缺少不了的。实物货币在货币外作为商品所具有自身价值,信用货币后国家以法律赋予的指示价值都是为了保证人们的普遍接受。在货币的实际使用中,人们不会刻意明确货币的被普遍接受性,只要货币背后的自身价值或指示价值能得到保障,该普遍接受性就会被延续,这也为货币形态的发展和丰富提供了无限的可能,现代交易中电子货币、数字现金等都是承载了货币的本质属性后的货币形态的发展。

---

① Ritter J A. The Transition from Barter to Fiat Money[J]. The American Economic Review, 1995:135.

第四节 货币的社会契约性质

商品货币具有双重形态,作为商品,具有类同财产权的自然权利;作为货币,则在人们的普遍接受要求币值稳定具有了元规则的地位。信用货币虽然不具有自身价值,但对财产权的影响仍然是巨大的,同时还必须保持币值的稳定才能为个体所接受。货币的宪法属性为其提供了正当化的准则,货币要获得合法性和稳定性就需要宪法的保障。货币对宪法的需求是为了合理处理个体与政府间的关系,更深层次上是为克服个体理性的内在盲目性。

货币中人们的普遍接受性是通过社会契约而获得的。货币对财产权等的不可替代的影响使其具有自然权利的地位。

一、货币与社会契约

从货币的发展演进历程来看,货币能够用于流通、在交易中为人们接受,部分原因在于早期的货币作为实物或商品自身具有一定的价值,更重要的原因的在于,某一具体形态的货币获得了部落、市场或国家的普遍认可。典型的例子可举太平洋小岛上的部落①,经整个部落认可,其货币由采自临近岛屿的青石块充当。人们在交易中接受特定的货币,在于相信市场的其他所有主体也会接受此货币的再次转让。特别是在信用货币的情况下,货币本身不具备内在价值,商品使用价值和交换价值的二重性在矛盾中产生,交换行为被分离成买与卖两个相互独立的行为,信用货币切断了买与卖,进一步扩大了货币需求市场主体全体认可的依赖关系。制造者销售商品得到货币后,他希望此货币能够买回价值对等的其他物品,而此交易的实现又有赖其他商家对此货币的认可。只有市场主体都认可这一货币后,交易才能顺利进行。

在交换中,必须有一种实际的媒介、一种手段,来实现这种抽象,货币就是实际交换中这种物化、象征化的符号②。作为交易媒介,货币从

---

① 弗里德曼. 货币的祸害:货币史片段[M]. 安佳,译. 北京:商务印书馆,2006:276.
② 马克思,恩格斯. 马克思恩格斯全集(第46卷下)[M]. 中共中央马克思,恩格斯,列宁,斯大林著作编译局. 北京:人民出版社,1980:86.

商品中分离出来,独立地承担该职能,需要能够普遍、反复使用。市场主体使用货币,总是一方面接受货币而另一方面用出货币。货币客观上要满足康德的道德律令①——要仅仅按照你能够同时愿意它成为一条普遍规律的那个准则去行动——认可货币、认可货币所能购买物品的能力:自己认可货币才能收进货币,货币为他人认可才能用出货币;对货币的认可也就是对货币能购买的他人商品的权利的承认与认可,对他人权利的承认与认可也就是对自己权利的保护。从而不仅商品天生是平等派,货币也是,货币的产生、存在和使用,意味着市场主体的合作信任关系,也意味着市场主体财产权利和平等地位的相互承认。因此,市场主体对货币的认可和信任是货币发挥职能不能缺少的条件,同时也使其职能的发挥成为可能。货币通过人类经济活动和交往凝结人们的互利和平等信念,成为集体意向性和"意见约同性"的制度实在(institutional reality),成为在商品交换、市场运行、经济增长、资源配置和人们生活游戏中的"人们集体意向性的制度建构"(an institutional construction of human intentionality)②。货币充满着、承载着和凝汇着人们相互信任的"集体意向性",表征了人们对其所能代表一定商品与劳务价值而使用的"意见约同性",市场主体就某特定物成为货币由一致同意达成了社会契约。

二、作为自然法则基础的货币

币值稳定的货币还是构成三项基本自然法的基础。休谟指出,人类社会的必然性,导致了三项基本的自然法的产生,即"财物占有的稳定、根据同意的转让,允诺的践履"③。健康的货币是该基本法则的构成要素:商品货币与金属货币本身就是具有价值的财物;货币作为财物价值的表征,币值的稳定保证了财物价值的稳定,财物占有的目的才不会落空;据同意的转让排除了暴力剥夺必定体现为以商品货币或其他货币作为交易媒介,交易中使用的货币就是各方同意的体现与落实,交易的普遍性、反复性和买方、卖方身份的不断转换即同一交易各方必然

---

① 康德.道德形而上学原理[M].苗力田,译.上海:上海人民出版社,2005:38.
② 韦森.从语言哲学看货币的本质[J].哲学动态,2003(8):15.
③ 哈耶克.大卫休谟的法律哲学和政治哲学:哈耶克读本[M].邓正来,编.北京:北京大学出版社,2010:293.

要求健康的货币,以体现相互间的信任与平等地位的承认,同时节省大量交易费用;允诺的践行和接受需要客观稳定的衡量标准,而货币是一切形形色色的东西的价值的公分母、最严厉的调节者①,货币的稳定能够使践行诺言标准稳定并避免争议产生。人们就社会必要条件的三项自然法则达成一致同意的社会契约,实际也承认了基本法则构成要素的稳定货币。

稳定的货币作为社会必要条件的自然法则的内在要求与构成要素,是社会与市场正常运行的网络和连接点。小型的不开化的社会可以没有政府而运行,但是如果不遵循有关"财物占有的稳定""根据同意转让财物"以及"允诺的践履"这三项基本的法则,如果没有三项法则内在要求的稳定货币,任何一种社会也无法维持②。因此,这三项基本的法则与稳定的货币乃是先于政府而存在的;整个法律系统只不过是对这些基本自然法与前提条件的详尽阐释而已。价值稳定的货币作为自然法则的基础,具有生成具体法律制度的元制度地位。货币作为社会契约的一种,作为交易中介、储存手段、价值尺度,由稳定的价值而获得了一致性同意,也因此具有的元规则属性的确定和彰示。

由于纸币不再像商品货币那样具有自身价值,退出流通后还有使用价值,纸币价值的来源必定在于人们愿意接受它这一简单的事实。政府的权力和强制可能在短时间内充当起纸币价值的来源,如同货币国家主义者认为的,纸币的价值源泉在于政府强令其公民使用那些纸片来支付税款,它因此具有"缴税的基本功能"③。货币国家主义(Chartalism)认为货币是国家的产物,国家有权宣布如此这般条款规定的纸片作为一定数量的价值单位④,这些纸片之所以具有价值,是因为可以以其方便有效率地缴税,而且国家同意接受这种纸片⑤。税收来自国家的绝对主权。货币由国家创造,国家应用征税强力,能独断指定其意欲的任意物作为货币,如在殖民地非洲时期政府强迫非洲人接

---

① 齐美尔. 桥与门:齐美尔随笔集[M]. 涯鸿,等,译. 上海:三联书店,1991:265-266.

② 大卫·休谟. 人性论(两卷本)[M]. 关文运,译. 北京:商务印书馆,1980:306.

③ Kuznetsov Y. Fiat Money as an Administrative Good[J]. Review of Austrian Economics,1997,10(2):111-114.

④ Knapp G F. The State Theory of Money[M]. New York:Augustus M. Kelley,1973:30.

⑤ 凯恩斯. 就业利息和货币通论[M]. 徐毓,译. 北京:商务印书馆,1963:312.

受欧洲货币①。因此,对于货币国家主义,货币是一种特定的社会关系——经由国家强力征税形成的必须以特定物缴纳的信贷债务关系。国家主义认为征税是创造货币的手段,政府凭此可以获取其欲求的所有物品、财富,但其对国家的货币权力是否受到约束不置可否。这使其面临与法律实证主义同样的严重缺陷。所有强制力的规范都如实证主义那样认为是法,很容易使暴君和独裁者压制和奴役人的命令合法化;如果国家可以任意发行货币,那么货币的价值就完全由其操纵于股掌②。不明确法是使人的行为服从规则治理的事业③,法律实证主义会沦为压迫的工具,同样,货币国家主义脱离对货币规范层面意义的探讨,不但有成为实证的"思想阉人"之虞④,更危险的是其遮蔽了货币在一致同意的社会契约中蕴含的宪法属性。货币不能仅仅作为经济学的问题分离出来,货币关涉人类的生存、和平与繁荣,这贯穿了货币发展的各个阶段。信用货币仍然延续了货币作为市场参与者所广泛认可的"集体意向性"而形成社会契约,承载着信用关系的纽结⑤。这种宪法属性保证了人们在市场交易和社会交往中的平等地位与互利关系,保障了人们相互间的信任与合作以及对未来的预期。货币作为集体意向性的社会契约,包含能维护和促进人类社会维持与发展的规范性维度,这要求我们不能只在现有制度内选择货币政策,必须拷问货币基本制度的正当性。

货币对经济与社会发挥着至关重要的作用。Steven Horwitz 应用奥地利学派的阐释学传统考察货币,分析市场价格的功能、价格代表偏好和口味以及赢利机会,以解决分散的知识的问题⑥。在稳定的自由秩序下,货币在社会中发挥着语言机制的功能,如同口头或书面语言使人们的交往理解成为可能一样,货币和货币价格使市场有秩序的交换

---

① Rodney W. How Europe Underdeveloped Africa[R]. Beyond Borders: Thinking Critically About Global Issues,1972:165.

② 约翰·斯图亚特·穆勒. 政治经济学原理[M]. 金镝,金熠,译. 北京:华夏出版社,2009:542.

③ 富勒著. 法律的道德性[M]. 郑戈,译. 北京:商务印书馆,2009:124-125.

④ 布坎南. 自由、市场与国家:80年代的政治经济学[M]. 平新乔,莫扶民,译. 上海:三联书店,1989.

⑤ 韦森. 货币、集体意向性与市场的道德基础[J]. 学术月刊,2003(8):8-10.

⑥ Horwitz S. Monetary Calculation and Mises's Critique of Planning[J]. History of Political Economy,1998,30:431-435.

成为可能。这扩展了齐美尔提出了货币的蕴含性意义,同时应用伽达默尔的阐述学理论,发掘了货币与语言的相似性,对此,大卫·休谟也提到过。齐美尔在货币哲学中,指出货币主要的是沟通功能,是在匿名的交易者中分布信任,这是构建大型交易网络的基础。其所指的信任要素是,他人也能平等地接受商品货币作为交易媒介的信念①。他认为交易者参加货币交换,表明了他们对于货币的信任和托付。这扩展到大的范围就是人们对社会基本秩序的信任。货币经济参与者将其他匿名的交易者建构为足够安全和值得信赖的形象,此意义的符号化给巨大数量的匿名交易者制造了合作的经验,在不用面对面的协商和没有充分信息的情况下使市场交易成为可能。

在人性论中,休谟对货币进行了分析,强调了货币在个体间联络信任的作用。休谟也指出了货币是自生自发的演化而生的社会制度,它为市场交换提供了必要的社会纽带②。休谟认为货币交易是人们对以物易物制度的升华,在非实物交易中卖方出售商品或服务,换回的是承诺。休谟分析必定有内在机制创造出来约束人们的自私、使其履行对他人的承诺。对此问题的解决办法是经由惯例形成的同意,在其中一种物体可以发挥担保承诺的功能。这个物体可以增进信任。最初这个物体由特定交易者间的承诺文书充当。休谟强调了货币在陌生的交易者间连接信任的重要作用,这使得社会纽带能够进化,休谟、Horwitz和齐美尔对货币的分析表明货币凝集人们一致同意而发挥的重要职能。

货币的有效性主要依赖于人们对它的期望而非它的内在或物质性特性。贝壳、盐柱、印刷的纸张、会计条目或金属,它们之间没有任何共同之处,但都发挥着货币的职能。货币是一项宪法性的社会惯例,人们对此项惯例的反应由他们集体地认为其他人的反应是什么而决定。货币的生产也依赖于货币是否被毫不迟疑地当然接受。如果人们将货币视为自然而然的,那么其再生产基本就是自动的。货币的功能和价值很大程度是被社会性和比喻性建构的③。货币的定义,主要基于这样

39

---

① 格奥尔格·席美尔. 货币哲学[M]. 朱桂琴,译. 北京:光明日报出版社,2009:218.

② 休谟. 人性论[M]. 石碧球,译. 北京:中国社会科学出版社,2009.

③ Pendakur K, Pendakur R. The Colour of Money: Earnings Differentials among Ethnic Groups in Canada[J]. Canadian Journal of Economics, 1998:519.

的情况而为人们接受,即接收者认为这些货币在一定的时间内,能够在另外的交易中换取其他商品而使用。对于经济学家而言,货币是能促进公共利益的制度,如果没有货币,人们只能依靠以物易物,交换就被需求的双重契合的要求所限制。货币促进了自愿交换,能使公共福利产生帕累托改进。货币是人类历史上最重要的发明之一,它使人类能够超越以货易货的粗笨交易方式。从这点来看,货币制度的产生促进了公共利益,因为每个人的处境通过使用货币的交换而得以改善。

货币作为人类的发明,在不同的时间和不同的地点可以采取不同的形式,货币的演化中具有偶然因素,但其最终作用需要人们普遍接受而形成社会惯例。市场经济发展得越来越复杂,货币也自然而然采取更有效率的形式,演变为现在高度抽象、令人无法把握的货币,但货币要发挥效用仍然依赖人们普遍接受的惯例的牢固建立。人们的普遍接受所形成的一致同意给货币赋予的宪法性,是使人们愿意以根本不值钱的纸片或会计条目来交换商品和服务的巨大力量。人们的普遍接受给货币确立起的正当化准则,这就是货币权力的基本制度,也是要保障的个体货币权利。人们一致同意的货币制度被认为是自然而然的,具有合法性和稳定性的。货币的宪法属性隐含地设定了社会制度是为共同利益而协作的观念。就此而言,货币制度的产生和演化是因为它们为共同体所有成员的利益服务。

人们的普遍接受使货币成为社会常规,这种人们共同使用的交易媒介的社会价值如此之大,以致即使在极端的变动下人们仍将坚持使用明知不能带来效益但习惯使用的东西。毫无疑问,货币发行者从通货膨胀中得到的收益也部分地缘于此情景,实行通货膨胀的动因也都离不开人们对货币的不轻易抛弃。但是,这种明确没有效益但习惯上仍然使用的东西也绝不是不可破坏的。货币数量的极端变动,如美国南北战争时期和第一次世界大战以及第二次世界大战之后的恶性通货膨胀时期发生的情况所表明的,或者货币数量的温和变动加上法律对名义价格所作的最高限制,如第二次世界大战以后德国的情况①,都使之前作为货币而发挥作用的纸张一文不值,并导致人们寻求替代物,如香烟与法国白兰地酒,第二次世界大战之后,它们在德国曾一度成为交

① 贺水金.中、德两国恶性通货膨胀之比较研究[J].社会科学战线,2007(8):54.

换媒介。

信用货币是货币发展意义重大的跳跃,国家排除了货币的市场供给,垄断了货币发行,货币失去了具体财产的支撑,依靠主权强制推行。在经由政府垄断后,货币权力的集中和垄断破坏了货币的宪法属性,政府无法抵制超发货币的诱惑,往往过量发行货币而酿成通货膨胀。由于政府对通货膨胀的偏爱,人类历史上从未经历过在信用货币阶段如此多如此极端的货币贬值,二十世纪因此被称为高通货膨胀的百年[①]。国家垄断了货币,货币权力绝对化,而货币贬值的危害也超过了以往的深度和广度。私有财产等明确受到宪法保护,但币值稳定的基本地位常被遗忘。通货膨胀往往成为财富的非经法定程序的再分配,而使财产的宪法保护也落空[②]。货币危机频发,危机是货币制度灾难性的自动调整。货币的宪法能被篡改和剥夺却不能被取消——作为人类自身的生存与发展基础条件,货币由人们普遍接受而以一致同意结成社会契约所蕴含的集体意向性的本质并不能改变。只有币值稳定,人们相信、信任信用货币,该货币才能得以使用、流通,否则就会贬值、作废,人们会转到物物交易,创造新的货币[③]。

41

---

① Bernholz P. Monetary Constitution, Political-Economic Regime, and Long-Term Inflation[J]. Constitutional Political Economy, 2001,12(1):3.

② Hetzel R L. The Case for a Monetary Rule in a Constitutional Democracy[J]. Federal Reserve Bank of Richmond Economic Quarterly, 1997,83(2):48-49.

③ Horwitz S. Spontaneity and Design in the Evolution of Institutions:The Similarities of Money and Law[J]. Journal des économistes et des études humaines, 1993,4(4):583.

第三章　货币、财产权与基本制度

在不少学者看来,货币是财产的组成部分。保护财产权的最基本的制度是财政立宪和税收法定主义。财产权作为自然权利,成为建立基本制度的基石。民主政府通过赤字的通货膨胀化,使财政立宪对财产权的保护受到侵害。对财产权的保护需要稳定的货币,以保证人们在市场交易和社会交往中的平等地位与互利关系,保障人们相互间的信任与合作以及对未来的预期。稳定的货币应当是宪法的构成要素,以发挥对财政立宪、税收法定的保障作用。

第一节　作为财产权的货币

一、财产权的范围

财产作为法律上的概念,它是权利客体和权利的集合。由于法律传统不同,所以在大陆法国家和英美法国家,对财产的表述不完全相同,但其本质是一致的。在大陆法国家,尤其是逻辑严密的德国,财产权的客体与财产权本身有严格的界限,所有权的客体指有体物,不包括无体物,关于无体财产权则形成与物权相对应的另一套制度,如知识产权制度。不过,在美国一些实行民法典制度的州中,"物"也包括有体物和无体物。无体物的所有权的权利能够赋予两个或多个的所有人。而在英美法系中,财产权的客体与财产权本身的界限不明显。①

对货币是否属于财产,学者有不同的见解。有学者认为,"货币就

---

① 张宇润.货币的法本质[M].北京:中国检察出版社,2010:45.

像魔术。中央银行家们就是魔术师。像所有的魔术师一样,他们不喜欢让自己的伎俩曝光。""我们应该驱散关于货币魔术的一个重要幻觉:货币不是一件事物。在历史上绝大部分时间里,货币明确地表现为一种事物……最近几十年来的事情证明了货币的非物质性……""如今,大量纸币进一步非物质化为计算机的二进制代码,货币由此进入虚拟世界。难道一直要等到最后一张纸币消失,变成一个电子钱包,我们才能认清货币的真正非物质本质吗?"[①]

由此看来,由于现代货币都是信用货币,其似乎纯粹是一种符号,可以完全脱离财产而独立存在。一方面,"货币的发展就是努力完成一个它永远也达不到的理想,即成为经济价值的一个纯粹的符号";但另一方面,"货币的发展历史充分地表明了货币必须要有一个信用予以支撑,不论是最早的实物货币,还是以一定的贵金属为本位的货币以至目前的完全信用货币,都证明离开了信用支撑的货币是很难为人们所接受的,也就不能成为货币"。[②]

有日本学者认为,金钱"不仅将物权与债权获得了前所未有的高度统一,同时也将两者区别之界限愈益模糊。以至使人们试图在学说上对两者加以区分已变得毫无意义及根本不可能"。[③] 在不少学者看来,货币本身就是财产。

二、货币作为财产权

张宇润教授认为,货币是财产的最一般的形式,是普遍可接受的财产。当然货币与一般财产的标的物有很大不同,货币是最一般的和抽象的种类物,谁占有,谁就享有所有权。在货币的发展演变中,商品货币的有体物性质逐渐淡化,最后演变为纸币。那么信用货币下货币权利是物权还是债权?从静态意义上讲,信用货币下货币的物权性并没有消失,信用货币仍然具有物权的直接支配权、对世权、绝对性和公示性,而且由于法律的规定使其得到强化,物权的效力,如直接支配力、排除妨碍力和公信力也得到加强。从动态的角度看,信用货币是中央银

① 贝尔纳德·列特尔. 货币的未来[M]. 林罡,刘姝颖,译. 北京:新华出版社,2003:36.
② 张庆麟. 电子货币的法律性质初探[J]. 武汉大学学报(社会科学版),2001(5):548.
③ 于保不二雄. 物权法. 载:陈华彬. 物权法原理[M]. 北京:国家行政学院出版社,1998:19-20.

行发行的证明购买力的凭证,货币持有人是债权人,而中央银行是债务人,货币持有人获得的是一种债权,但中央银行作为货币发行人,也仅仅是名义上的债务人,它不再像代用货币时代有向货币持有人兑付黄金等金属货币的义务,它没有向货币持有人履行债务的直接义务,它只是通过法律赋予货币持有人一种对任何商品的请求权,这种债权已经物化为一种对世权。①

从货币形态的发展演变的历程可以看出,货币本身价值的大小甚至有无对其作为价值符号与充当一般等价物的本质没有影响,人们仍然将本身价值微小的纸币视为"物"。② 有学者认为,货币是民法上的一种特殊的物,属于民事权利的客体之一。货币,作为法定的支付手段和具有强制流通能力的铸币和纸币,是价值表现最成熟的形式。近现代各国民法,将货币规定为"物"的一种类型,称为"金钱"。货币是一种特殊的动产,具有如下性质:一是货币是不具有个性而具有高度替代性的种类物。种类物是性质相同、能够根据同种数量相互替代的物。而货币不具有特定的个性,作为价值尺度和支付手段,它抽象了所有商品的个性,具有广泛的通约性,是一种具有高度替代性的种类物。二是货币是典型的消费物。货币成为流通性最高的财产,是债权的物权化,通常充当物权的标的,其本质就是最有效力的债权。③

梁慧星教授对货币也持相近的看法,"货币在法律上属于物的一种,货币属于不动产。"梁慧星教授认为货币虽然是物,但由于其特殊性质——"货币没有个性,极容易被替代。而且,所有权和占有不能分离,对货币有占有的人即为货币的所有人。"他认为货币与一般物的区别在于:"第一,货币丧失占有后,不存在作为物上请求权的返还请求权,仅存在不当得利返还请求权。第二,货币所有权的让与,是事实行为,已转移占有为已足,因此不论让与人有无行为能力,该让与行为均有效。第三,货币在进行借贷时,借用人即时取得对货币的所有权,因此贷与人并不间接占有该货币,仅对借用人有债权。第四,对货币进行占有,

---

① 张宇润.货币的法本质[M].北京:中国检察出版社,2010:49.
② 夏尊文.存款货币财产所有权研究[J].北方法学,2011,5(5):41-51.
③ 张宇润.货币的法本质[M].北京:中国检察出版社,2010:51.

不发生因实效而取得所有权的情形,因此不适用关于取得实效的规定。"①

刘少军教授认为货币财产属于广义的财产权范围。他比较了货币财产权的属性与物权的属性。作为大陆法系的传统,物权的客体必须是有体物,虽然金属货币是有体物,但现代货币形态已经转化为信用货币,它们不再是有体物。同时,物权客体是有体物,以有体物为限,在法定的物权种类范围内任何主体都有创制的权力;而货币财产权的客体是货币权利,只有法定机构才有权创制。物权的客体权利必须遵循一物一权的准则;而货币财产权则可以是一币多权,一个单位的基础货币能够创造出多倍的现实货币,一个单位的现实货币也可以由存款人和银行同时使用。物权的价值在于明确有体物的归属、定纷止争,它的重点是确定支配权,以保障财产的归属;而货币财产权的价值在于流通,其核心权利是稳定的购买力,以维持财产流通的秩序和效率。物权相对于债权具有优先效力和请求效力;而货币财产权则不具有物权上的优先效力与请求效力。因此,把货币财产权看作财产权的一种而不是物权,符合现代社会发展的内在要求,也符合现代财产理论。②

孙宪忠教授指出,货币的法律本质是债权,是国家以特定的形式记载、确定并进行保护的债权。但他同时也指出,货币在形式上仍然是一种动产,是物权法上的一种特别动产。③

按照美国联邦宪法第十四修正案的规定,"财产权利"受到"法律正当程序"的保护。在20世纪70年代以前,正当程序的"财产"概念的范围相当狭隘,它主要包括财产法通常定义的不动产、动产和金钱或证券。④ 我国《物权法》在第二编第四章"所有权的一般规定"中,由第65条明确规定,"私人合法的储蓄、投资及其收益受法律保护。"储蓄即货币存款,存款人对自己所持有的存款货币享有所有权,这为货币作为所有权客体的物提供了明确的法律依据。有学者认为,我国《宪法》《民法通则》与《继承法》等法律都赋予存款人对存款享有"所有权"。⑤

① 梁慧星,陈华彬. 物权法[M]. 第5版. 北京:法律出版社,2010.
② 刘少军. 金融法概论[M]. 北京:中国政法大学出版社,2005.
③ 孙宪忠. 中国物权法总论[M]. 北京:法律出版社,2009:216.
④ 张千帆. 宪法学讲义[M]. 北京:北京大学出版社,2011:489.
⑤ 刘少军,王一轲. 货币财产(权)论[M]. 北京:中国政法大学出版社,2009:154.

第二节　财产权与基本制度

个人财产权是公民独立地位的必要前提,个人安全和独立是通过公共机构保护所有权的制度实现摆脱政府干预的目的。康德和哈耶克都认为,确认财产权是划定一个免于压迫的私人领域的第一步。私有财产权是自由的基本要素,是不可剥夺的天赋的自然权利,对私有财产权的承认是阻止或防止政府强制与专断的基本条件。[①] 财产权利是个体自由的基础,属于先于国家的自然权利,财政立宪也是建立基本制度的先导。[②]

一、财政立宪对财产权的保障

财政立宪是市民社会与国家权力在财产利益上博弈的结果。财政议会主持创制了宪法,为压缩赤字规模,将预算平衡和相关财政原则规定在宪法内,以约束政府权力,而形成财政立宪。财政立宪下的财政议会由保护人们财产权利的代表构成,是独立性的议决组织,人们组成财政议会决定财政预算,议会汇集并遵从人们保护财产权的要求,规范国家权力,形成了权利对权力的制约。使国家权力不再是任意侵犯个人的财产权利,而是维护财产权消减自由的手段,财政立宪为人民的财产权构建起宪法性的保障防线。

财产的重要意义历来为人们强调。洛克认为财产权都应当理解为,人对自己的人身以及物品所具有的财产性权利,包括生命、自由与资产。财产就代表了权利,正如人可以说拥有财产的权利一样,他也拥有权利这种财产[③]。财产权具有与自由几乎相同的含义。财产权则划定了政府权力与个体自由间的合理界限,是保障个人自由与发展的基础,对财产权的保护成为法律的根本目的之一,财政立宪就是对财产保护的发展结果。财产权的对世权和排他权,能排除他人对财产自由的干涉,这种干涉可能来自其他市民主体,更有可能来自强大的国家公权

---

① 张千帆. 宪政,法治与经济发展[M]. 北京:北京大学出版社,2004:285.
② 李龙朱,孔武. 财政立宪主义论纲[J]. 法学家,2003(6):96-99.
③ 洛克. 政府论(下篇)[M]. 瞿菊农,叶启芳,译. 北京:商务印书馆,1982.

力。国家权力与财产权间的正当关系应该是,有效地保护个体的财产权,不对个体行使财产权形成限制或干涉。个体在不受公权力侵犯的合理范围内行使财产权利符合宪政主义精神,且构成宪政的价值基础。财产权作为宪法确认的基本权利,是对消极自由的保障。

　　财政立宪在现代的兴盛,是在第二次世界大战之后,尤其是 20 世纪 60 年代至 80 年代。当时西方国家的政府支出不断膨胀,财政收入不能满足急剧增长的财政支出,导致出现巨额的财政赤字。这些政府于是长期大额举债,以弥补财政超支出现的赤字,这使财政对政府权力的约束和规范作用越来越弱,财政立宪发生了制度性和结构性危机。布坎南等学者强调,纳税人控制的税收在政府收入中的份额不断减少,政府收入大量依赖于公债,这使行政部门的权力得不到应有的控制,宪政制度的稳定受到破坏[①]。因此,学者们主张严格贯彻财政立宪精神,缩减赤字规模,将预算平衡和相关财政原则在宪法中明确,以约束政府权力的膨胀。政府的财政收入的多少取决于市场的繁荣程度。只有政府协助维护市场的正常秩序、促进市场的繁荣发展,人们的财产权才能得到有效保护,政府才能获得更多的财政收入。

　　国家权力运行需要财政收入为其提供物质基础支持,财政立宪限制政府任意获取收入的能力,约束政府权力的恣意扩展。财政立宪下组织的政府、司法与军事等各个机关,受到财政权的约束,它们只能在财政预算范围内行使权力。财政立宪规范着国家权力的运作,确定了权力行使的程序和范围。同时财政收入也不再是当权者的私有财产,而是提供公共服务或公共产品的公有财产,政府权力因此要接受财政预算和审计的监督与规范。财政立宪建立的公共财政制度,提供了保障人权和自由的权利体系的物质基础。国家的财政收入既是为了对人们财产权的保护,也是对整个公民权利体系的保障,财政立宪提升和巩固了人们权利的主体地位。由财产权作为基础而形成的财政立宪,保障了民主,改变了国家的权力格局,从源头上规范政府权力,确定了宪政的终极目的[②],为宪政的生成打下了基础。

---

① 布坎南瓦格纳. 赤字中的民主:凯恩斯勋爵的政治遗产[M]. 刘廷安,罗光,译. 北京:北京经济学院出版社,1988.
② 程亚萍. 财政权的宪政逻辑[J]. 社会主义研究,2010(2):116-117.

财政立宪开始于财产权的保护,而财政立宪的目的也是为保障人权与财产权。因此,财产权是财政立宪的根源和主要目标之一①。财政收入是对财产权的约束,财产权作为对世权、绝对权,其权利不是不担负丝毫负担。财政收入就是财产权担负的负担,而目的在于更好地保护财产权。在宪法基础理论视角下,财产权是目的,财政收入的手段,财政立宪就是对财政权力的规范。财产权与财政权力之间存在对立的紧张张力,要更好地保护财产权就需要改进和完善财政权力和制度。财产权为财政立宪提供了动力与力量,是财政立宪的权利基础。财政立宪以财产为运行的血液,国家的财政收入来自于财产,政府权力的行使需要财富的支持,财产权的保护也需要花费财产。所以,财产权是财政立宪的物质基础。

二、财产权与税法法定主义

税收为国家的运行提供了物质基础,但最终目的在于保护个体权利。税收划分了财产权与财政权间的界线、确定了各自的范围,明确了征税权的范围、数量与程序,以此防止政府权力对财产权的侵害。税收法定主义通过对财产权的防御性保护,也是对人权进行保护,奠定了基本制度的权利基础。

税收法定主义,也称为捐税法定主义、税收法定主义原则,学者对其具体内涵的界定关注于要素的讨论,如有学者将税收法定主义内容概括为三个原则,即课税要素法定原则、课税要素明确原则和程序合法原则②。税收法定主义本质内涵包括价值理念与制度实践,其基本价值在于明确最终征税的权利由人们享有,人们通过代议制立法决定政府是否征税、何时征税、怎样征税、征税的类型和数额等问题③。税收法定主义通过将征税权法定化,使代议制机关替代王国或政府控制征税权,从而构建了保护个体财产权的基础,推动了基本制度的建立。

由代议制机关取代政府控制征税权,税收法定主义提供了私人财产转变为税收的合法程序与方式,也为税收提供了合法性。之前的税

---

① 罗正月.论以民主宪政为基础的公共财政体制[J].当代财经,2007(1):44.
② 张守文.论税收法定主义[J].法学研究,1996(6):59.
③ 覃有土,刘乃忠,李刚.论税收法定主义[J].现代法学,2000(3):37.

收都是基于政府掌握的强制力量,政府以强权方式单方决定征税的时间、数量等,甚至直接以暴力形式索取或掠夺个人财产。税收法定下,议会掌管征税权,只有通过议会的同意才能进行税收征管,而议会是选民通过民主选举产生的。作为民众权利要求的代表,议会对征税权的控制一定程度上可以视为民众控制着征税权。征税权在没有受到制约和规范下几乎等同于强权与暴力下掠夺,这种情形下立法规定的征税权和制定的税收法律也只体现了政府的意志,仅仅是为强权和暴力披上法律的外衣,缺乏民主与法治的合法性。议会主权体现了主权在民的原则,议会获得民众的同意与授权,通过立法规范征税权,这种税收才取得了真正的合法性。

税收法定主义起源于欧洲中世纪中后期城市兴起、市民财产权确立后,人们对于财产保护的要求。中世纪欧洲的封建制下,各领地具有独立于国王的相当大的自治性,领主拥有包括征税权在内的很大的自治权力。市民阶层兴起后,他们开始承租领主控制的城镇来限制税收,并通过市民自治过程逐渐掌握了税收的决定权。城市的税收自治促进了城市的独立,独立的城市或地区中的自治机关以条例或法规的方式确定课税权,防止领主的任意征税,这形成了最初的地方性税收法定主义。在英国,民众尤其是贵族对国王任意征税的反抗,迫使约翰王签署《大宪章》,《大宪章》第 12 条明确规定了"朕除下列三项税金外,不得征收代役税或贡金,惟全国公意所许可者,不在此限",这体现了"无论何种负担均需得到被课征者的同意"[①]。经过长期的反复博弈,英国议会最终掌握了财税权力,确立了无代议士不纳税的税收法定原则,奠定了宪政的生成的基础。北美殖民地在 17 世纪也通过地方性财税自治,形成了税收法定主义,并在此基础上实现了各殖民地自治。1773 年,英国议会颁布《茶税法》,向殖民地征收进口茶税,从而爆发了波士顿倾茶事件,最终导致了 1775 年的北美独立战争正式爆发。1776 年,《独立宣言》指责英国"未经我们同意,任意向我们征税",这就是著名的"无代表则无课税"原则[②]。美国独立后,由国会掌管联邦财税权力,分享州议会一部分财税权,美国建立了财税联邦主义。从历史来看,对财产权

---

① 王鸿貌. 税收法定原则之再研究[J]. 法学评论,2004(3):51-59.
② 刘庆国. 税收法定与我国税收立法[J]. 宁夏社会科学,2010(4):23.

的保护是税收法定主义产生与发展的动力,而税收法定主义推动了基本制度的生成。

第三节 赤字与通货膨胀对财产权的影响

财产权作为基本制度的基础,受到财政立宪和税收法定主义的保护。但从凯恩斯主义盛行之后,在当代社会,为了迎合选民和保住自己的位置,各国代议机构往往选择扩大开支,但却尽可能地少征税收。"在很大程度上,政治家本人也不见得眼光远大。对于他们当中的大多数人来说,每次选举都提供了一次被人评判的机会……这个特点是一个民主政体的内生的必然属性。但当这种内生属性与对正常开支和导致赤字的倾向都不加以限制的财政体制融合到一起时,其结果则预示着灾难。"[①]赤字与通货膨胀极大削弱了财政立宪对财产权的保护。

2009年,美国的财政赤字高达1.42万亿美元,是2008财政年度的3.1倍,赤字率也从2008财政年度的3.2%猛增到10.0%,创下了第二次世界大战后的最高水平,同时美国联邦政府的债务增至6.71万亿美元,占据GDP的比重达到47.2%。[②]

从1997年到2001年年底,我国财政赤字共为7 490.87亿元。这4年共发行国债5 200亿元来弥补财政赤字。到2009年,我国财政赤字仅1年的规模就增至9 500亿元。2010年,我国财政赤字更是突破万亿,达到10 500亿元之巨,创下新中国成立以来的最高赤字纪录。此后,我国财政赤字有所收缩,2011年为8 500亿元。[③]

我国《中央银行法》修订后,中国人民银行不能直接购买国债以向政府财政透支。商业银行购买国债后减少了自己在中央银行的存款,相应增加财政在中央银行的存款。由此,一方面基础货币减少了,另一方财政金库存款得以增加,这明显体现了财政赤字通过中央银行的货币供给得以弥补。国债是政府向社会公众担负的债务,中央银行供给

---

① 布坎南,瓦格纳. 赤字中的民主:凯恩斯勋爵的政治遗产[M]. 刘廷安,罗光,译. 北京:北京经济学院出版社,1988.

② 孙大海. 美国财政赤字的深层原因和影响[J]. 中国财政,2010(3):71.

③ 新华社. 两会报告解读:从赤字比例看中国财政健康状况[EB/OL]. 中国政府网. http://www.gov.cn/2012lh/content_2083487.htm

的货币同样是政府对社会公众的负债，以货币供应弥补财政赤字，是以一种负债取代另一种债务，只有形式上的区别，没有内容上的差异，即政府的财政都是依靠负债支撑。所以，尽管学术界和决策层不主张用铸币税来弥补财政赤字，但事实上财政赤字使中央银行的基础货币增加。这种状况表明，现行制度下以铸币税去弥补财政赤字不可避免。①

一、赤字的通货膨胀化

如果通过发行公债来弥补财政赤字，以发行债券进行融资与向中央银行进行透支的结果相同，都会引起基础货币供应量的增加，引起货币总量的倍数扩张。如果财政发行的债券不是由中央银行直接购买，而是由中央银行通过公开市场业务在金融市场上购买，这会有不一样的效果吗？这两种方式对于货币供给的影响实际上没有差异，都会导致货币供给增加。当然直接购买国债与间接购买这两种方式间还是有区别。差别在于，中央银行的公开市场操作作为一种货币政策手段，在此方式下中央银行自行决定买卖债券的方向和数量；而中央银行直接购买国债或发行货币直接为财政赤字融资，中央银行则处于被动地位，为政府融资成为中央银行的一种义务，这往往会迫使中央银行向经济中投入过多的货币。财政赤字货币化的现实可能性是中央银行的货币发行权力与对铸币税的掌控。在信用货币条件下，铸币税是中央银行通过货币供应而取得的货币使用权与货币的购买力，其数量为基础货币的供给量。学者倾向于将财政赤字货币化视为赤字融资的最后手段。因为，如果公债的累积和不断扩大，会使社会公众对政府的信誉产生不信任，尤其政府赤字将导致通货膨胀，这又会使财政不能正常运行，有可能爆发财政危机。②

公债既是构成财政赤字的因素，又是弥补财政赤字的手段，公债的效应取决于政府对赤字财政政策的制定和运用。③ 蒙代尔认为，虽然政府公债是资产所有者财富的组成部分，但认为增加公债能提高真实财富却是错误的。如果政府仅仅印刷付息的政府公债，并将其派发给

① 曾康霖. 央行铸币税与财政赤字弥补[J]. 金融研究，2002(9):4.
② 李国疆. 财政赤字货币化：通货紧缩视角[J]. 经济问题探索，2004(3):22.
③ 袁东. 论公债、财政赤字与税收间的关系[J]. 财政研究，2002(11):8.

社会大众,就能够创造真实财富,那对人类将是美妙的福音。公债利息必须由税收来支付。财富是真实收入流的资本化价值(贴现值),忽视税收对财富的影响是不允许的。①

公债以法定通货为计价单位,大规模增加公债改变了人们对货币通货膨胀的预期。斯密早就知道大规模公债从来没有偿付过,最终都是赖债不还。政府赖债的现代手段是通货膨胀和货币贬值。仅仅出现通货膨胀和货币贬值的威胁,就会导致利率上升,以及公债利息成本的相应大幅上升。以本国货币标价的公债,如果规模庞大且规模不断增加的话,长期的结果必然是通货膨胀。②

在一个社会中,赤字财政导致货币总量的增加,而现有的产品和劳务的供给却没有以相同速度增加,这必然使经济出现一种通货膨胀缺口,促使价格水平提高。Sargent 和 Wallace 等人提出的"价格水平决定的财政理论",从理论上阐释了政府的财政政策在决定价格水平和通货膨胀时起到的重要作用。在财政当局和货币当局的博弈中,若财政当局率先行动,货币当局就被迫面临平衡跨期预算约束的困难选择,央行的货币供给就成为财政政策的函数。现代国家中政府的财政往往占据优势地位,央行被迫货币化财政赤字而引发通货膨胀,普遍存在财政赤字与通货膨胀的因果关系。由于我国金融市场不发达,央行不具有非独立性以及征税机制不完善,政府可能更倾向于用货币创造来为其财政赤字融资,财政赤字引发通货膨胀的可能性也更大。③

公共选择理论家也认为,赤字与通货膨胀之间存在着十分密切的联系——赤字会导致通货膨胀。同时,持续的高额赤字还会导致公共部门的不断扩张,这种扩张也有严重的经济与政治后果。公共部门的扩张不仅会改变整个经济的合理比例,而且扩张中政府使用的经济资源会降低整个经济的一般生产力。政治竞争与市场竞争间存在着差异,为了赢得选举可能带来的丰厚收益,政治家们往往倾向于采取迎合

① 蒙代尔. 蒙代尔经济学文集(第二卷). 货币与宏观经济的一般理论[M]. 向松柞,译. 北京:中国金融出版社,2003:166.
② 蒙代尔. 蒙代尔经济学文集(第二卷). 货币与宏观经济的一般理论[M]. 向松柞,译. 北京:中国金融出版社,2003:168.
③ 周潮. 财政赤字,货币供应与金融稳定:基于中国的经验证据[J]. 上海金融,2009(2):14.

选民的政策行动。在多数决的选举制度中,针对民众的一般偏好和较为规范的税收制度,大多数人希望享受公共服务却不愿意纳税而牺牲私人商品,由此预算当然会扩大。而扩大的预算规模又唯有通过举债即赤字财政来实现。所以,赤字财政规避了纳税人的反对心理,成为公众默许的庞大公共预算的一种方式。[①]

财政赤字债务化一方面有可能通过国债货币化而直接导致通货膨胀的发生,另一方面有可能通过国债的"挤出效应"使利率上升,从而间接引发通货膨胀。当财政赤字与国债的规模与数量累积到一定的程度后,政府信用可持续的条件将会被破坏,一旦政府发行国债达不到预期的效果,那么就只有靠铸币税来弥补所有的财政赤字,这最终同样会导致恶性通货膨胀的发生。[②]

赤字的流弊主要在于它助长政府的过度开支。在弗里德曼看来,政府开支过度是导致通货膨胀与经济增长缓慢的罪魁祸首。如果过度开支的后果是靠发行货币来弥补赤字的话,那么赤字与通货膨胀之间就有直接联系。如果赤字是靠借债和税收来维持的话,那赤字与通货膨胀间只有间接的,但仍然是真实的联系。无论是借债还是征税,都会花费私人的支出,吸收掉本来可用于个人消费或生产性投资的资源。这样的后果之一就是迫使利率上升。由于政府的大量开支减少了私人对市场和生产的投资,排挤了市场经济的发展,使经济增长受到抑制,以致任何特定的货币增长率都会导致更高的通货膨胀率。[③]

布坎南认为,预算规模的扩大与选民的支持程度呈现正比关系。支出规模越大,政府获取的选票会越多,因为公共开支往往短期增加选民收益。征税会减少公众的可支配收入,因而难以获得选民的支持;而减税能增加公众个人收入,因此得到选民的支持。在民主政治社会里,政治家和选民都会偏好赤字开支。财政赤字的直接后果是选民的现期消费增加,而其间接后果却是导致未来的通货膨胀。当国家税收无法满足支出时,政府一般通过发行公债来筹集资金。负债财政将使选民和政治家偏好更高的赤字水平。而为了弥补财政赤字而进行的货币超

① 陈招顺,汪翔. 公共选择理论与赤字问题[J]. 世界经济研究,1993(1):30-34.
② 洪源,罗宏斌. 财政赤字的通货膨胀风险——理论诠释与中国的实证分析[J]. 财经研究,2007,33(4):94.
③ 米尔顿·弗里德曼. 赤字与通货膨胀[M]. 刑一,译. 国外社会科学文摘,1981(12):32.

经济发行,将导致通货膨胀,降低公众可支配收入的实际购买力,其效果与征税一样。换言之,通货膨胀就是一种"隐蔽税"。但是,选民从直觉上不会感受到通货膨胀是对其个人收入进行征税,而且政府也从未把这种"隐蔽税"列入预算,使其接受预算约束。①

二、赤字通货膨胀化对财政立宪的影响

财政立宪调整国家和个人间公法上的财产关系,主要规范财产征收以及预决算等政府财政行为。哈耶克指出,对政府权力的控制,至少在最初的时候,主要是通过对政府收入的控制来实现的②。财政立宪调节财产权与财政权力间的相互关系,统一对财产权的保护和对政府权力的约束。个人财产权得以确保的社会,实际上就是限制了财产所有人以外的任何人随意侵占和剥夺个人财产的可能,从而使个人拥有了生存的基础和实现自由权利的条件。能自由地把自己的财产与他人的财产进行交换是人类交往的前提与可能性,从而才有了市场,有了与人平等、民主对话的条件,因为财产是属于个人的,个人间的财产交换凭的是互惠和互利,拒绝的是强迫和专横,所要求的是尊重和权利的承认,由此带来的是民主与社会的和谐、繁荣。所以,没有财产权,就不会有市场,就不会有民主。由于财产权本质上是一种对他人的限制和束缚,从这一意义上说,没有财产权就没有法治。

布坎南借鉴了洛克的财产权观,将财产权利视为与生命权利、基本自由权利紧密相连的三种基本人权③。这三项基本权利是人的生命过程的自然展现。换言之,任何人,只要他承认每一个生命获得生存的自由权利,他也就不得不承认生命的基本自由权利和自由所必需的财产权利。财产权为生命权与自由权提供保障,是后两项权利的逻辑结果,财产权利再往前扩展,可视为人权体系的保障性权利,在此意义上,无财产权便无其他权利。财政立宪是基于对财产权的保障而控制国家权力,通过对财产权的干涉而以宪法制度规范国家财政权力的宪政理念与实践操作。财政立宪通过民主讨论、协商获得人们的授权而形成议

---

① 赵理尘. 当代美国财政赤字及其政治根源探析[J]. 社会科学,1990(9):3-6.
② 弗里德利希·冯·哈耶克. 法律、立法与自由(第二、三卷)[M]. 邓正来,张守东,李静冰,译. 北京:中国大百科全书出版社,2000:426.
③ 詹姆斯·布坎南. 财产与自由[M]. 韩旭,译. 北京:中国社会科学出版社,2002:4.

决,通过财政预算制度的安排保护财产权、规范财政权力。财政立宪体现了国家财政权与人民财产权的基本关系。财政立宪的发展促使了宪政的生成。初始,人们为财产权保护而反对国家任意或过重的征收,经过不断的斗争,议会逐步争取到征税权与财政支出权,逐渐限制和规范政府的权力、奠定宪政体制的基础。财政立宪是保障财产权的重要方式。没有财政立宪对政府权力的约束,财产权难以得到有效的保护。

民主社会的政府赤字成为普遍现象,赤字不过是通货膨胀的先导。通货膨胀是指物价水平的持续上涨即货币购买力的持续下降。通货膨胀是非正常的收入差距、商业周期、债务高涨与恶性物价上涨等现象的导因。市场需要以尊重财产权为基础开展社会合作,而通货膨胀使得货币的购买力下降,持币人能换取的财产减少,这也意味着通货膨胀侵犯了人们的财产权。货币数量的增加,可以使首先获得增加的货币的人在物价上涨之前获取购买力还没有下降的利益,因此,货币的增加,造成了财富的分配。虽然人类行为都能引发利益的分配,但货币数量的增加以致通货膨胀,是在未经许可的情况下侵犯了他人的财产。

在银行业建立之前,减少货币成色是侵犯他人财产的通常做法。减少货币成色有两种办法:一是不更改铸币上的数量等印记而减少贵金属含量;二是在铸币上印下比实际重量大的数字。在金属货币制下,减少货币成色的做法会通过市场力量进行相应调节,这就是格雷欣法则劣币驱逐良币的作用。市场主体对货币成色减少保持着警觉。人们会花费时间和精力检查金币银币,并努力学习鉴别良币劣币、良券劣券的知识。一旦人们发现任何形式的诈骗,他们会不再使用不诚实的钱币和银行券,而使用其他货币凭证。

为了解决金属货币存在的伪造和减少成色问题,银行券产生了。当钱币仓库建立起来后银行券就大规模得到使用。钱币仓库用于商人进行日常的结账清算,商人一般在当地钱币仓库建立一个账户,与其他商人的收支就通过简单的过账来结算。这些机构被称为银行,但开始时它们还不是现代意义上的银行,只是钱币仓库。等到它开始超量发行银行券时,才不再是钱币仓库,而变成部分准备金银行。

部分准备金银行券的发行者知道他没有足够的准备金一次性兑现所有凭证,他手头持有的可满足兑现请求的钱币仅仅是其银行券的一部分。因而这些银行券可以称为部分准备金货币凭证。这些银行都先

55

后经历了部分准备金银行业的最大挑战——银行挤兑。部分准备金制下开证银行无法同时满足所有兑现要求,只有钱币仓库才做得到。储户对银行的信用与安全产生怀疑,就纷纷到银行兑现存款,一旦不信任蔓延开来就会导致挤兑危机,导致银行缺乏资金兑现。当然,为经济发展提供更多的信用支持而获取的巨大收益是现代银行敢于承担挤兑等风险的原因,同时,银行大量发行银行券还有一个不可忽视的动力:避免政府征用钱币仓库。帝国或政府对钱币仓库的征用、对财产权的侵犯的风险,促使银行将获得的存款大部分以贷款形式借贷出去。历史经验表明,政府在困难时期会毫不犹豫地征用银行现金,使其成为强制借给政府的贷款。避免公权力会对银行的现金准备构成危险,可行的办法就是把货币更多地借贷给私人和企业,以此避免银行财产遭到没收。基于财产保护的角度,部分准备金银行业的出现可以视为自由市场对抗和削弱政府对财产权的侵犯和干预。

现代不可兑换纸币制度下,政府通过对货币的法定垄断和法定货币法造成了更严重的通货膨胀性。政府任意改变货币数量和货币的购买力,影响了人们的财产权。货币的购买力与币值发挥着同度量衡一样的作用,货币购买力的改动会带来相当于乱改长度、温度等度量衡的危害。更严重的是,货币数量的增加致使财富从个体向政府转移[①]。政府作为增量货币的第一个使用者获利,而其他货币所有者受损。通货膨胀通过货币供应量的扩张侵犯了财产权,因此,这不受规范的货币权力完全与财政立宪相冲突,必然为财政立宪所排斥。

货币是财产等权利的基础,规范的货币权力是实现财政立宪的必要条件。货币发行的专有权或垄断权不受制约,成为政府攫取收益的方便之门和巩固权力的重要手段。不可兑换纸币的出现,政府更是具有了一种较之金属铸币时代更大的货币权力。政府将纸币确立为"法币",并赋予纸币不受侵犯的法律效力,使其成为清偿债务、签订契约和缴纳税款的唯一受认可的货币,以此政府获得垄断性的货币发行权。该权力不受约束,被滥用为廉价的融资方式,成为向人们进行强制借贷的特权。政府还进一步利用(或滥用)其对外生货币的控制权,通过引入法令因素来提高政府收入。起初,这是以统治者发行成色不足的金

---

① 范方志.通货膨胀研究[J].宁夏社会科学,2011(2):28.

属铸币的形式进行——亦即在银币和金币中增加贱金属的成分,因而使铸币的面值超过了其所包含的贵金属的市场价值。由于将铸币的名义价值调至其所含的贵金属的价值具有滞后性,故这种铸币成色的降低也就成了政府收入的一个来源。赤字比率下降的原因,部分是由于实际的经济的增长,但大部分还是由于通货膨胀引发的债务的实际价值的减少,这些债务所支付的实际利率事后被证明是一个负数。哈耶克认为政府垄断货币发行限制了个体自由①,国家对货币发行权的垄断会造成市场经济被国家发行的货币量制约,市场经济运行的自由度受到干扰。货币发行职能还能影响政府的财政职能,政府的货币发行权通过大量发行货币变成了一种向公民征税甚至掠夺的手段。

财产权是保障经济稳定与发展的坚实基础,也是保障个体自由的必要条件。赛亚·伯林划分了两种自由②。一是消极自由,即个体行为可以不受他人干涉的状态,是不涉及具体内容的个人自由,它为个人自由提供了一个免于外部势力干涉、迫害与强制的空间。财产权和人身权是典型的消极权利(free not to do)。二是积极自由,积极自由是指作为主体的人作出的决定和选择均基于自身的意志而非任何外部力量,个体能自主或自决,就具有"做……的自由"。积极自由强调主体的主动性和自主性,关注人的行为能力和获取资源的能力的保障和培养,注重赋予主体各项权利和行为资格。消极自由着眼于免于外在强制和干涉,强调外力不能干扰个人本身具有的创造性和内在自由。

财产权需要个体通过占有、使用、收益、处分财产权利来保障其他权利,而这些权利的正常行使要求排除他人对财产权的侵犯。财产权的双重需求对应积极自由与消极自由。在两种自由的关系中,消极自由更为重要。只有控制住干预消极自由的外在力量,才能保证个体在实现积极自由时不会相互冲突而达成帕累托最优。因为没有首先保障消极自由,积极自由很容易扩展过合理的界线,演变成为强制或不自由,而消极自由能够有效避免这种情形的发生。因此,实现自由的重心不是基于积极自由(free to do sth)的逻辑上,而应该建立在消极自由(free from doing sth)的基础上。伯林认为自由首先是消极自由,是指

① 哈耶克.自由秩序原理[M].邓正来,译.北京:三联书店,1997.
② 以赛亚·柏林著.自由论:《自由四论》[M].胡传胜,译.南京:译林出版社,2003.

57

一个人能够不受别人干涉而径自行动的范围。如果我本来可以去做某些事情，但是别人却阻止我去做，这种情形下，我是不自由的；我自主行为的选择范围如果被别人压缩到一个最小的限度内，那么，可以说我就是被强制或被奴役了。

赤字的通货膨胀化致使持币人的消极自由受到影响，公众不得不承担政府赤字的各种后果，尤其在通货膨胀政策下个体不可避免地成为直接受害者。政府货币扩张行为导致的通货膨胀可以概括为三种类型①。第一种是财政压力型通货膨胀，指政府通过大量发行货币收取铸币税，为财政预算赤字融资。财政赤字货币化为政府提供资金支持创造了方便，这在很大程度上影响了财政宪法的效力、加剧了财政支出的失控。政府可以不用顾忌财政收支的失衡，通过超量印发纸币掩盖和推延财政赤字的影响，从而导致纸币价值的急剧下跌和通货膨胀。第二种是增长诱惑型通货膨胀，指政府通过大量发行货币，增加资本投入和创造需求，以促进经济增长、实现充分就业。这种货币政策来源于凯恩斯倡导的对经济的积极干预。凯恩斯明确强调货币政策的经济刺激作用是萧条经济中的权宜之计，但后来的决策者大都忽略了这一提示。虽然短期内通货膨胀能起到信用和消费需求的拉大作用而促进经济的发展，但长期而言这种多发货币的刺激作用会因物价上涨而抵消，经济仍然会回到以前的状态。此种货币政策干扰了市场主体的正常预期，并且败坏了政府决策方式，使政府货币权力应用短期化、机会主义化，政府失去了宝贵的信任力量，一旦有危机时发挥不出应有的权威作用。第三种是政治驱动型通货膨胀，指政府利用第二种类型的通货膨胀为自己的政治需求服务。政府为了赢得选举而连任，容易在任期届满的换届选举前，利用通货膨胀创造短期的经济增长、扩大就业，为自己争取选票。这种操纵货币发行数量以满足少数团体利益需求的情形，破坏了民主原则，使货币沦为政治的工具，使多数人为少数人的利益承担通货膨胀的损失。

所以不受约束的权力一样会最终造成危机而自我消亡，格雷欣法则在不同环境下的作用就是证明。在金属货币形态下，人们按照面值使用铸币，流通中的铸币主要是受到磨损或者缺损的硬币，足额的硬币

---

① 富景筠. 货币与权力——读哈耶克《货币的非国家化》[J]. 读书,2008(4):124.

使用者为了避免损失会将其退出流通领域,这就是格雷欣法则的劣币驱逐良币作用。在政府不能保障法币的购买力而人们对其失去信任的情形下,格雷欣法则会产生相反的作用,良币会出现替代劣币、加快其贬值以将其驱逐。如果政府强制发行的法币急剧贬值,市场会自发提供和使用货币替代品,这一般会是贵金属或价值稳定的商品。这些货币替代品会造成交易成本上升,但为了保障市场交易的开展和购买力的稳定,人们愿意持有这种代价比法币小的替代品。通货膨胀导致法币币值持续下降,人们持有的法币会越来越少,物物交换和货币替代品的流通范围将逐渐扩大,这会不断取代法币。这就是通货膨胀导致的政府货币的破产和崩溃。

三、通货膨胀对税收的扭曲

政府被赋予不受限制的货币创造权后,政府会利用此权力最大化其收入,因此更准确地说,垄断政府会通过对商品和劳务的调配最大化其实际收入和实际购买力。

现代政府具有货币创造的垄断权。绝大多数国家的政府都拥有各种创造货币的垄断特权。货币行使实体价值(实体商品)的功能,并非仅仅是面纱。货币有价值是因为它促进未来交易的工具性功能,就是货币为经济交往提供的服务。发行的货币代表的真正资本价值独立于其发行数量,相同数量的实际价值能得到体现,无论发行的纸币是多少,因为纸币的数量会决定商品和服务的价格水平,发行越多的纸币只会导致以越大的价格指数来计算不变的实际价值。如果政府不受到通货膨胀的约束,在首期后不再增发货币,政府取得了收益但没有最大化该收益,这也保证了任意发行数量的货币的所有交换价值。

政府知道自己是货币创造特权的短期拥有者,便有动机在其任期届满那年产生严重的通货膨胀[①]。两个政府有这个基本的动机,两个政府轮流执政会比一个政府永久执政更多地利用货币创造特权。选择以货币形式持有财富的比率取决于持有货币的成本。持币成本越高,转换的实物财富就越少。持币成本由两个因素构成:证券或其他非货

① Brennan G, Buchanan J M. Monopoly in Money and Inflation: The Case for a Constitution to Discipline Government[M]. London: Institute of Economic Affairs, 1981:44.

币资产能产生的利润；通货膨胀造成的货币实际购买能力的减少。在充分预期充分公告的分析模式下，政府会使通货膨胀率远远超过合理计算的税收最大化。为什么会这样？如果政府是垄断者，这样的结果并不令人吃惊，政府宣布了国家的通货膨胀率，且在首期遵守诺言，在新发行货币时它发现严重高估了这种方法可以获取的实际商品和服务的数量。为什么它的预期总是出错？原因非常简单，个人并不是真正相信政府会遵守诺言，从而会持有少于政府发行的货币，则政府必须比预先宣布多发行货币为其开支提供资金。政府与个人的货币博弈倾向于对政府有利，因为个人必须在政府下一期发行货币前作出持币选择。这如同博弈一方（即政府）永远可以在对方行动后选择，这不是公平的博弈。这就是货币博弈的特色：个人必须先行动，从而导致政府实际的掠夺，不允许个人在知晓政府发行货币的信息后或同时调整其行为，不允许对宣告作出反应，像在日常税收中允许个人的那样。通货膨胀对货币"征税"的情形比较，人们已经持币，不可避免地会继续持有已发行的货币。人们看到政府新发货币，当然也愿意减少持币量，但唯一的办法是购买实物商品，但持币人必定遭受已持货币的实际资本损失。在这个意义上通货膨胀对货币所征收的税是回溯性的，这个特征使该税收相对于对收入和消费征税更类似于对资本财产征税。

政府与个人货币博弈中的理性预期是什么？垄断收益的上限被设定为如果人们都相信每一届政府会最后一次发行货币，下限为零，当人们可能预期政府会掠夺所有货币的资本价值而根本不持有货币。个人收益的上限是非通货膨胀制度下的所有交易价值，此价值是他们愿意交付给政府，下限是可能被没收的资本价值。当越来越多的人更准确地预期政府政策，通货膨胀的收益会逐渐趋于零，预设政府寻找方法创造有执行力的契约或合同以避免货币博弈出现僵局的动机也会增加。现实中 Fiat 货币（法定货币）只构成经济中有效货币的一部分，Fiat 货币的发行构成了以存款形成的银行货币的衍生发行的高能基础。充分竞争的部分准备金银行制度的引入不会改变政府的实际税收能力，在此制度下，一部分货币交换价值会还给个人作为银行存款利息，持币的机会成本会低于不付利息的制度。在给定的通货膨胀率下，人们会比在纯粹的通货制度下持有更多货币，这使政府能够掠取更多的实际收入。实际上，与部分准备金银行业的竞争程度对应，以往的分析可以不经修改而适用。部分准备金银行给政府提供了另一个控制的工具,政府由法律授权可以改变准备金率,政府就能够应用此权力征收存款人的资本税而不用改变通货膨胀率。

通货膨胀以货币创造弥补赤字的作用,通货膨胀还有两个作用与政府的税收和债务相关。所有债务人,包括政府,都从突然通货膨胀中获利。当债务以特定的货币数量规定时,突然的通货膨胀从债务人向借贷人重新分配了实体资源。政府可以通过以无息货币支付付息债务来获得收入。新发行货币对持币人实际财富的影响与对政府债务持有人财富的影响一样,通货膨胀的效果是将财富都从私人向政府重新分配①。通货膨胀对所得税的影响也是明显的,通货膨胀与累进所得税增加了政府的收入;通货膨胀使纳税人进入更高的税率区,使个人平均税率上升。通货膨胀对所得税的影响,与其对债与货币的影响方式不一样,纳税人可以根据所得税率调整收入,可以换工作,不加班,而在持有政府债务与货币的情况下则受到回溯性的影响。正是回溯性使人们更易受到侵害,正是个体无力防止政府货币权力的侵害导致对货币宪法的需求。因为对税率的限制已经不能有效制止政府财政权力的剥夺了。

四、通货膨胀直接影响财富分配

财富的分配是宪法的中心问题,而货币通过通货膨胀和货币政策对财富有重大的分配作用。财产的再分配是宪法理论中的重要问题,许多学者提出各种建议以期为财产再分配提供合法性。罗尔斯根据"无知之幕"的理论假设提出分配的社会公平的最大最小原则。罗尔斯假定每个人都处于"无知之幕"中,在此情况下人与人之间的社会处境都是由偶然因素决定的,任何人都难以预见自己将来的境况②。这种前提下,所有人会同意的分配原则必然是最大最小原则,即平等地分配财富,不平等是给社会中最弱者分配更多的收益。只有给社会中处于劣势的个人带来较大的社会收益的社会分配才具有合法性。基于罗尔

---

① 布坎南,布伦南.征税权[M]//布坎南,布伦南.宪政经济学.冯克利,等,译.北京:中国社会科学出版社,2004:145-149.
② 约翰·罗尔斯.正义论[M].何怀宏,何包钢,廖申白,译.北京:中国社会科学出版社,1988.

斯的"无知之幕",布坎南和塔洛克采取了"不确定之幕"的哲学预设,提出宪法契约中的保险原则,即通过宪法契约下的财政手段实现再分配①。由于不确定性,个体在契约有效期内不能确定自己以后的收入地位,基于规避风险和自保的理性计算,而同意选取财政手段来进行再分配。

货币供应的增加会使货币购买力下降,物价呈上升趋势。购买力下降有利于债务方,因为他们要偿还的债务数量没变,但价值要比以前减少了,债务人获得的益处当然是以债权人的损失为代价的。但这种说法也不尽然,货币供应量的增加的长期结果是带来物价的上涨,单位货币的购买力减少。然而这一过程不一定就对债务方有利、对债权人就有害。货币购买力的下降也可能不会对债权人造成伤害,只要他在放债时就已经预见到币值会下降。实践上,即使货币贬值,购买力下降,债权人还是可以通过价格溢价使放贷获益。同样的道理也适用于债务人。债权人和债务人是否因通货膨胀获益或受损,这取决于他们的预期是否正确,当然无论哪方获益或是受损,货币数量的增加在他们之间都发挥了利益分配的作用。

货币数量的增加还具有一种分配效应,其影响更为广泛,而且市场主体的预期无法减少其作用。货币的这种分配效应,是货币在交易中使用所发挥的。货币数量的增加必然导致货币价格的上涨,物价上涨的趋势,由最早获得增加货币的人对货币的使用体现出来。随后,物价上涨会传播至经济系统的其余部分。货币增加导致物价水平上升的过程会随着时间而扩展开来,所以它在不同的时间影响不同商品和服务的价格,而并不是所有物价的同时上升。并且,价格不会均匀地变化,也不会与货币供应变化量呈固定比例地变化。换言之,货币数量增加会导致物价呈上涨的趋势,但物价上涨是随时间逐步扩展的,对每种商品和服务价格的影响也各不相同。

货币通过流通,为交易者使用而对资源进行了再分配②。新投放市场的增量货币的最初使用者获得了最大收益,他可以在物价还未变

---

① 布坎南塔洛克.同意的计算——立宪民主的逻辑基础[M].陈光金,译.北京:中国社会科学出版社,2000.

② 范方志.通货膨胀研究[J].宁夏社会科学,2011(2):28.

动时购买更多的商品和服务，他购买商品与服务支付的货币使货币供应量得到了相应的增加，货币数量的增加减少了货币的购买力，因此这同样造成损失，由那些货币收入没有增加却要面临更高价格的市场主体承担。新增加的货币供应量的影响会一步一步在经济系统中扩散开来。所有的商品生产者和服务提供者都会受到货币的分配作用的影响，新增加的货币供应会使财富分配有利于货币的生产者和首先使用新增货币的人。

货币供应的增加将财富从新货币较靠后的所有者向较靠前的所有者重新分配。这种财富再分配作用无法通过预期来抵消，即使市场主体意识到此效应也无法阻止其发生。人们所能做的只有努力使自己在此再分配过程中处于尽可能处于靠前的位置，成为新增货币较先的使用者，最好是新增货币的第一个使用者。但要成为新增货币的较先或第一个使用者并不能依靠公开的规则确定，而是政府通过货币政策决定。政府拥有着再分配的权力，通过持续的通货膨胀，政府可以隐蔽地没收人们很大一部分的财富。通过这种方式，政府不但可以没收人们财富，而且可以将财富进行再分配，将大多数多人的财产转移给少部分最先使用新增货币的人。

通货膨胀的再分配效应表现在名义收入增长快于物价水平上涨的人能从通货膨胀中获益；通货膨胀对固定收入者不利；通货膨胀在债权人与债务人之间产生财产再分配作用。货币供应量的增加会引起再分配效应，同样中央银行突然收紧货币量还会导致第二次财富再分配。货币主义和凯恩斯主义学者认为，从长期来看货币是中性的，即货币量增加一倍会导致全部商品价格上涨一倍，相对价格不会改变，因此不会对资源配置产生影响。但奥地利学派却认为，即使从长期来看，新增加的货币并不会使全部商品和要素价格的等比例上涨。新增加的货币进入流通向市场的扩散是有时间先后的，较先使用新增货币的主体收益较大，收到新货币较晚的市场主体和根本得不到新增货币的固定收入者则遭受损失。我国央行货币政策委员会指出，要贯彻实施稳健货币政策，注意政策的稳定性、针对性和灵活性。中国的广义货币 M_2 存量从 2008 年 12 月份的 47.52 万亿增加到了 2010 年 12 月的 72.58 万亿，增加了 25.06 万亿元，增幅高达 52.74%。粗略计算，这两年广义货币的净增量，已是这两年 GDP 增量的 2.59 倍，与 2009 年的中国

GDP 总量之比,也高达 74.7%[①]。我国较先使用新增货币的是国有银行和国有大中型企业,较后得到新增货币的是中小民营企业,而没有增加工资的工薪阶层和固定退休金的退休老人则根本没有得到新增货币。央行过量发行货币导致的通货膨胀,使财富从没有得到新增货币和较后收到新货币的人向先收到新货币的人进行重新分配。当通货膨胀引起较大危害而中央银行又不得不调控时,主要的措施就是回笼货币、减少信贷。中小企业又成为信贷缩小的风险承受者,工薪收入者也面临企业破产的失业危险。从而,货币供应量的缩小导致财富的第二次分配,从中小企业和固定收入者流向国有银行和国有大中型企业。货币供应量的一松一紧造成了两次财富的再分配,不仅扰乱了市场秩序、加剧了市场波动,而且使贫富差距扩大。

古典的财政宪法通过一致同意的形式而达成,其目的在于要求预算平衡以约束政府扩张财政收入的自然倾向,以保障财产权与自由。而凯恩斯主义经济学家倾向于牺牲健康预算管理准则以追求宏观经济目标:增加实际收入与促进就业。凯恩斯的财政政策就是创造预算赤字拉动就业,或者用预算盈余应对通货膨胀压力。然而议会民主必定倾向于创造预算赤字,创造预算盈余却得不到正确激励,凯恩斯主义下政府预算具有危险的不对称。此不对称是赤字的根源[②],而赤字可以通过政府借贷(发行公债)最终通过发行货币而消除。民主社会倾向于尽可能不成比例地诉诸借贷融资,使财政宪法发挥不了应有的作用。不断增加的公债刺激增发货币,导致直接发行货币弥补收支差额。这使货币供给增加,推高物价,最终导致赤字财政的通货膨胀偏好。税收法定主义同样需要规范的货币制度的配合才能实现其目的。货币供应的分配作用,说明了政府在货币事务上的短期机动行为。如果要保障财政立宪和税收法定主义的良好功能得以发挥,就需要建立起货币制度,而且必须是具有宪法性质的,以改变制度约束。

---

① 韦森. 政府投资扩张导致通货膨胀[EB/OL]. 财经网 http://www.caijing.com.cn/2011-03-23/110673515.html.

② 布坎南瓦格纳.赤字中的民主:凯恩斯勋爵的政治遗产[M].刘廷安,罗光,译.北京:北京经济学院出版社,1988:178.

第四章　现行的货币制度

现行货币制度中,货币权力居于主导地位。货币对财产权的影响,是通过具体的货币权力发挥作用的。货币在从商品货币向信用货币形态转变的过程中,货币权力的主体和内容也发生了变化。货币权力主导的货币制度的发展,主要是货币权力的扩展,通过演变逐渐类型化为现在的几种典型的货币权力,以代表货币制度。

第一节　货币制度中的权力

学者对货币权力进行了种类较多的不同界定,这些内涵与外延不尽相同、支撑不同的命题与主张的概念,实际是货币制度的发展与演变。通过对货币权力的梳理,可以发现货币制度的发展轨迹。

一、货币权力的发展演变

货币具有支配性的权力,抽象的、普遍性的货币的权力则可以超越边界和国界,正式或非正式地与任何物品、服务以及价值进行交换。所以,货币可以被理解为某种更强的权力,可以在符号意义上拥有整个世界、操纵整个世界。[①] 在商品货币时期,市场主体能够通过货币的生产和供应而影响货币的交换价值,而在信用货币下,政府垄断了货币的生产和货币政策的调控权力。

(一) 商品货币制下的货币权力

商品货币下,市场主体平等享有货币生产与供应的权力,政府只对商品货币的重量与纯度进行检验和确认,通常设立官方的铸币厂为市

[①]　季卫东.宪政新论:全球化时代的法与社会变迁[M].2 版.北京:北京大学出版社,2005:501.

场主体铸造货币并收取铸币税。

在信用货币之前,国家权力没有介入货币或者对货币干预还不太多的时候,货币作为价值尺度衡量商品价值的能力来自于货币的自身价值[①]。商品货币和金属货币的价值由其内在价值所保障,实物货币在作为货币之外也具有使用价值,这决定了实物货币的自身价值。当然货币的流通价值可能与货币的自身价值不等同,会大于或小于其自身价值,但实物货币的自身价值仍是其流通价值的基点。如果货币材料本身没有价值,货币则需要自身以外的理论或价值的支撑才能为人们所接受,履行货币职能。商品货币的产生取决于市场主体的选择,市场参与者都有权利供应货币,货币的数量也由市场的供给与需求确定,因此,商品货币下市场主体能平等地行使货币权力,货币权力与货币权利没有实质的分离。市场交易者既是货币权力的主体,也是货币权利的主体,他生产、供应货币或将其从流通中撤离的货币权力的行使影响着货币数量变化和物价的波动,这实际上也对自己的货币权利造成影响。

市场的根本作用在于协调各种要素的供需,如果没有货币的使用,要发挥市场的基础作用是无法设想的。只有借助于使用货币,才能比较商品在各种不同用途下的边际效用。只有以货币为衡量标准,才能更清晰地分析比较当前商品与未来商品的价值差异。只有在货币经济下,商品间的价值差异才可能被抽象地理解,即不受具体的商品价值变化的影响。用货币来进行计算、用相应数量的货币来表示所有其他商品的价格、将经济决策完全建立在货币单位的价值基础之上的做法,决定了货币在商品领域中的重要地位。[②]

米塞斯认为,货币的功能决定其价值,人们对货币的需求,即对最适合于交易的、其他财物的所有者愿意与之交换的物品的需求,使货币具有了价值。货币需求与货币供应关系的变化,会改变单位货币的购买力。对于货币,要运用从力学中模仿得来的公式而不是注意市场因素影响的问题,无论货币数量上还是货币需求量上的变化而演算交换

[①] Shubik M, Smith D. Fiat Money and the Natural Scale of Government[R]. Cowles Foundation Discussion Paper No. 1509 SSRN Elibrary, 2005:4.

[②] 米塞斯. 货币、方法与市场过程[M]. 戴玉忠,刘亚平,秋风,译. 北京:新星出版社,2007:70.

方程,都会忽视这样的现象:最初,仅有少量经济主体对价值的预期和相应的行为受到影响,随后,货币的购买力的变化就会一步一步地在经济中扩散。①

在商品货币下,市场主体有权生产和供应货币。市场中的交易者从来没有机会选择是拥有所有的现存货币还是所有的现存商品,但必须在不能同时拥有的一定数量的货币和商品之间进行选择。他们在决策时所处的情形与面临的约束条件决定何种选择更为有利。在可选择项下个人作出的行为,是市场确定的各种商品的交换比率的根本原因。货币的需求来源于市场交易者的偏好。每个人都想持有一定数额的现金,有时候多一些,有时候少一点,因此也就有了对货币的需求。货币从来不是静止地存在于经济体系中,货币也不是简单地流通着。货币总是由某人以现金方式持有,每一张货币都可能在某天由一个人持有转变为另一个人持有。但是在任何时刻,货币总是由某个人持有,是这个人拥有的现金的一部分,个人对现金持有量的决定是购买力形成的根本因素。②

交易者决定选择持有和使用货币,以随时转化为其他任何商品,这种能力和机会使持有货币具有成本——利率。货币利率是人们控制单位货币以便进行策略性运用所支付的价格。在不考虑违约、交易时间和其他因素的情况下,法币利率将反映货币性交易的机会成本。如果货币是一种商品,那么这种利率同时还反映了贷款下货币的消费者所放弃的消费。③

休谟与密尔试图实现这样一种设想的情形:在这种情形中,货币供应的变化能够以一致的方式影响所有人,即所有商品的价格将以同样的比例同时上升或下降。他们的努力失败了,这说明货币供应与商品价格间的关系并不是机械和僵硬的。同时,现代经济学提供了这样的证据——不同商品的价格不会同时和同等幅度受到影响。

---

① 米塞斯.货币、方法与市场过程[M].戴玉忠,刘亚平,秋风,译.北京:新星出版社,2007:68.
② 米塞斯.货币、方法与市场过程[M].戴玉忠,刘亚平,秋风,译.北京:新星出版社,2007:76.
③ 马丁·舒贝克.货币和金融机构理论(第2卷)[M].王永钦,译.上海:上海三联书店,2006:96.

新增的货币量起初并不是由所有人获得;首先受益的人之间所得的数额也不完全相同,也并非所有受益者在得到同样数目的新增货币后会作出同样的反应。首先受益的人——如果货币是黄金则为金矿主,如果货币为政府发行的纸币则是财政部——就有了比以前更大的现金持有量,他们可以为其想要的商品或服务支付更多的货币。他们所能支付的新增货币的数量推动了市场上物价与工资的上升。但不是所有的价格与全部的工资都上涨,而且也不会是同等幅度上升。[①] 在商品货币下,货币供应的权力原则上由市场主体平等享有,同时贵金属的生产量较小,货币供应较为稳定。

(二) 信用货币制下货币权力的改变

在信用货币条件下,政府通过垄断货币发行与行使货币政策的权力改变了货币的权力结构,由于缺乏对政府货币权力的规范和制约,信用货币下货币属性常常被破坏。

货币形态的演变或改变必须保证其自身价值或指示价值能为人们普遍接受这个基础,否则货币功能无法确立,货币演化或改革不会成功。物体被普遍认可而成为货币后,作为交易媒介和价值尺度,也就具有了一种能力,货币能够评价所有商品的价值、具有估量物体价值的通约性,货币的这种职能保障了财产权的正常行使。

在一定意义上可以说,具有普遍接受性的交易媒介就是货币。在不可承兑信用货币之前,货币的普遍接受性除了传统和习惯因素的影响外,货币自身具有价值仍然是货币获得普遍接受的主要原因。货币自身的价值取决于获得货币的人们所付出的劳动,像贝壳钱这样比较容易获得的货币其价值当然不高,使用该货币的社群的经济交往也不会发达。信用货币不能承兑为实物,其自身基本没有价值,国家通过法律确立其法定货币地位,使其具备了普遍接受性[②]。因此,在信用货币之前,货币具有价值储藏功能。在信用货币出现后,货币与自身的价值储藏功能被割断了,这种变化主要是国家的权力介入所致。

货币突破地域的限制后如何保持其信任机制以及如何保证其品

[①] 米塞斯. 货币、方法与市场过程[M]. 戴玉忠,刘亚平,秋风,译. 北京:新星出版社,2007:78.

[②] Cuadras Morató X. Fiat Money, Intrinsic Properties, and Government Transaction Policy[J]. SSRN eLibrary, 2000:7.

质,这是经济发展和交换扩大后面临的问题。这客观上促使货币标准化。现代民族国家的兴起,国家纷纷运用主权力量统一货币,使其流通能更顺利。国家一方面统一货币,以国家权力保证其信誉;另一方面,国家也趁机垄断了货币制造和发行、惩罚制造伪币者,并逐渐使用自身没有内在价值的的纸币。在国家控制了货币的发行和流通后,它就可以操纵货币。通过铸造不足值的铸币和滥发纸币,国家可以影响货币的价值和稳定。这一事实,使信用货币脱离了先前货币的自发性,这意味着法定货币以法律为支撑,但实质上是以国家信誉为基础,国家信誉提供了法定货币的价值担保。国家赋予纸币强制流通的能力,当然如果国家丧失了信誉,则纸币就会失去支撑而被逐出流通。

现代货币在价值储藏功能上不再如商品货币那么明显和确定,信用货币和电子货币能为人们普遍接受,不在于其本身所具有的价值,而是由国家或制度保证其能用于流通换取商品的承诺[①]。货币在信用货币和电子货币时代,其自身内在的价值不再被强调,其特质更多地与国家主权相联系,货币更多由政府强制人们接受。商品货币时期人们使用的货币得到了货币自身价值的保障,因而在商品交易中交易者愿意接收。在信用货币和电子货币的情形下,买方愿意使用交易媒介来换取商品或卖方愿意收受它作为付出商品的报酬而体现出来的普遍接受性,则是由国家权力和制度所保障和维护的。

在狭义的层次上,货币不同于一般的个人信用、商业信用和银行信用,我们一般不把私人主体在商品交换中使用的赊销凭据,或者银行的各种票据称为货币。在宽泛的意义上,银行的票据也充当了商品交换的媒介,有相应的价值,并反映了交易主体间的信用关系。所以,在货币关系中,银行和其他金融机构也发挥了重要作用,它们也具有相应的货币权力,加强或是削弱了政府的货币权力,影响个体(公民)的货币利益。货币作为一种社会化的价值信用,体现了国家、银行与其他金融机构和个体间的权利义务关系。货币的价值信用的"社会化"范围是可以变动的,可以从地区、国家扩展到国家联盟、全球层次,但货币的基础仍然是人类商品交换中的价值信用关系,在信用货币下表现为主权国家

①　Lerner A P. Money as a Creature of the State[J]. The American Economic Review,1947,37(2):317.

69

和市场主体间的法律关系。信用货币下货币体现的价值信用关系是：在国家与市场主体之间，国家以强制力垄断货币的发行权、实行货币政策调控，以保障和影响货币的购买力。因此，货币在特定的交易主体之间使用，交易双方就货币产生了私法社会的债权债务关系，但更重要的是货币本身包含的国家与所有货币使用个体间的关系①，这种关系不再局限于特定的交易者之间，而是具有公法的维度，包括国家在创造和发行货币上的权利和义务以及所有市场主体就货币具有的权利和义务。

在信用货币下，一方面，信用货币的本质属性与之前的货币形式仍然是相同的，要求人们普遍接受；另一方面，发行货币与控制货币数量的货币权力则由政府及其相应机关掌握。货币权力的主体与货币权利的主体不再重合。随着市场的发展、交易的深化与社会的原子化，个体更加强调独特性，其分立和孤独状况愈加明显，个体间的沟通和社会的整合更需要超个体的力量。这种趋势下，国家或政府的权力越来越庞大，其与个体间的力量悬殊也愈来愈大。当代各国都出现了强大的中央政府，这也是与市场经济的发展相伴的，虽然不能说市场经济必然导致强权的政府，但政府对市场经济各个方面有重大影响是客观存在的。

在一些学者看来，信用货币这种没有内在价值的货币形态的产生，正好满足政府权力的应用，反映了人类主动的社会改造和建设要求。凯恩斯认为："如果人民所要的东西（如货币）不能生产，而对此东西之需求又不容易压制，劳动力便无法就业。唯一补救之道，只要公众相信，纸币也是货币，而由政府来统制纸币工厂，换句话说，由政府来统制中央银行。"②换言之，只有废除金属货币，实行纸币本位，就能应用通货膨胀政策，以此来刺激经济增长，缓解失业。凯恩斯主义的通货膨胀政策成为现行货币权力主要的行使方式。强大的政府权力是履行公共职能需要的，其本质应该是服务于民众，并是所谓民有、民选、民享的。而在信用货币下，市场主体丧失了生产供应货币的权力，货币的数量与货币政策由政府行使，货币权力面临政治因素的严重影响，货币常常成为政府获取短期目标的工具，而由市场和个人承受其不利后果。信用

---

① 单飞跃,鲁勇睿.货币政策权力的宪法性配置研究[J].重庆大学学报(社会科学版),2011(3):110-111.

② 凯恩斯.就业利息和货币通论[M].徐毓,译.北京:商务印书馆,1963:198.

货币改变了货币各主体间的力量对比关系,使权益、损失、权力与责任的分配也不均衡,商品货币下市场调节具有的一致性、连续性和可预测性的货币制度遭到破坏。

二、货币权力的内涵与外延

货币权力的范畴目前主要在国际政治领域使用,结合经济学与法学中对货币权力的研究,笔者对所论述的货币权力的范围进行了界定与选择。

（一）经济与法视野下的货币权力

休谟认为货币是外生性的,货币的需求受到市场主体的驱动,货币供应取决于无数的市场主体,因此,货币的需求与供给以及货币的购买力由市场交易者掌握。即在商品货币下,市场主体享有货币权力[①]。缪纶考察了苏格兰的自由银行制度历史后,发现自由银行业会自发地节约黄金的使用量,从而黄金逐渐退出流通,这最终使流通媒介"只需要建立在发行者的信誉之上",而且,银行信誉与流通媒介的接受性具有相互强化的特性[②]。

在哈耶克看来,享有平等货币权力的私人机构在货币流通域的竞争能够使不同币种实现优胜劣汰;由此,币值稳定与信誉良好的货币将得以脱颖而出,从而实现多元货币的竞争均衡。哈耶克希望将货币发行的权力交由市场行使,在货币发行量稳定的条件下,参与货币竞争的私人机构必然会促使良币的实现[③]。弗里德曼的主张,实施一种货币规则规范政府垄断货币发行权,以保证货币增长的稳步与可预期性[④]。

张宇润教授认为,货币权力的主体是中央银行。中央银行的货币权力包括两种形式,一种是体现为市场行为的货币权力,即中央银行作为特殊的金融机构,为履行金融调控和提供公共金融服务职能而开展的一些业务,如发行人民币、经理国库,代理财政部向各金融机构与组织发行、兑付国债和其他政府债券,持有和经营国家的黄金储备与外汇

① Paganelli M P. Hume and Endogenous Money[J]. Eastern Economic Journal, 2006, 32(3):542.
② 逄锦彩,王倩.自由银行业思想述评[J].当代经济研究,2008(7):19.
③ 富景筠.货币与权力——读哈耶克《货币的非国家化》[J].读书,2008(4):123.
④ 陈享光,刘霄.弗里德曼准则的约束条件与实施[J].经济社会体制比较,2007(2):147.

储备,社会信用的征集与服务,代表国家参与国际金融活动,提供再贷款、再贴现、集中存款准备金,组织或者协助组织银行业金融机构相互之间的清算系统,提供清算服务等。① 另外一种中央银行的货币权力体现为抽象与具体行政行为,根据《中国人民银行法》的规定,中国人民银行负责起草有关法律和行政法规,完善有关金融机构的运行规则,发布与其职责有关的命令与规章;依法制订和执行货币政策等,这些都属于抽象行政行为。中国人民银行还有权直接规定基准利率,确定存款准备金率与汇率政策,有权实行贷款规模控制、不动产信用控制等抽象行政行为。中国人民银行的具体行政行为是指根据法律规定的其行使行政管理的权力,中央银行在具体行政活动中作出的具体行政行为。根据《中国人民银行法》第 4 条的规定,中国人民银行履行与货币调控、金融稳定以及金融市场全局相关的监管职责,中央银行在监管职责活动中有权作出具体的行政行为。

在基本经济符号中,最重要的是代表价值、权衡价值的符号,在人类经济发展史中,最重要的符号无疑是货币。货币是社会制度表层上的所有物象中的一个最为重要的"规定物",是沟通社会的深层存在。在所有的物象或象征中,只有货币才能够统摄社会,将社会整合为一个统一体。②

人们通过社会契约的达成而形成国家,并把与货币相关的权力委托给国家。国家由此获得了在经济生活中最具普遍力与强制力的货币权,这包括垄断性的货币发行权、强制性的货币流通权,以及在这些权力基础上衍生的货币政策权。国家获得货币权力后,货币的经济功能也在被不断调适,货币首先被用来测度社会财富,其次被用于进行经济支付,再次被用来贮存社会资本,最后被用来影响其他非货币经济要素,如投资、信贷、生产与消费等,从而影响整体社会经济运行。③

信用货币下,主要由政府和中央银行行使发行货币和实施货币政策的货币权力。通常中央银行控制着货币量,但中央银行几乎从来都

---

① 张宇润.论中央银行在实现货币主体社会性权利中的作用[J].政法论丛,2011(4):6.

② 栗本慎一郎.经济人类学[M].王名,等,译.北京:商务印书馆,1997:107.

③ 单飞跃.公共经济法:经济法的本质解释——兼与李曙光《经济法词义解释与理论研究的重心》一文商榷[J].政法论坛,2006(3):24.

不是政府中唯一拥有货币权力的机关。实际上，即使中央银行对有限的货币事务拥有专有权力，特别是纸币印刷发行、货币账簿记录的专有权力，但仍然存在着其他政府机关——特别是收缴税款、管理债务的财政税收当局也拥有大量的货币权力。中央银行可以决定一部分有价证券的利率，如某种特定政府债券的利率，但只能在有限程度内并且是以完全放弃对货币总量控制为代价的。中央银行从来不能在更广的范围上决定利率。但在决定基础货币数量方面，中央银行则有完全的控制权。

（二）国际视野下的货币权力

有观点认为，权力（power）是国际政治学的一个基本概念，指"国际关系行为体对其他行为体实施影响的能力"[①]。货币权力指各国在货币事务上独立决策并对其他国家实施影响的能力，包括自治力和影响力两个部分。Cohen 指出国际货币权力包括影响力（influence）和自治力（autonomy），影响力是指改变事件或结果的能力，如果一国能够强迫或诱使别国改变其行动，则该国就在此事务上具有影响力；自治力是指一国独立行动的能力，这种能力不是去影响别国，而是能够不受别国影响[②]。在国际货币体系中，各国自治力的关键在于外部失衡的调整责任由谁承担。各国的经济通过国际收支联系起来，一国的顺差就是其他国家的逆差。当一国被迫采取措施扭转国际收支失衡时，它的（内部）政策独立性就受到外部失衡的干扰，从而丧失了自治力。因此，一国货币权力的基础是避免由国际收支失衡而导致的被迫调整负担的能力。

有学者认为，货币权力是在资本主义社会最终确立并发展起来的，表现为资本权力，即资本对劳动的支配权、统治权。这是货币权力表现形式新的阐释。货币权力也是世界性的权力。在全球市场形成后，货币权力同时表现为通过支配世界市场，从而支配世界、统治世界的权力。这是财富权力极度膨胀的典型形式。而正是财富权力的极度膨胀，导致了资本主义世界的货币危机、金融危机[③]。

---

① 李少军. 国际政治学概论[M]. 上海：上海人民出版社，2005：141.

② 姚大庆. 货币权力和国际货币体系的美元霸权[J]. 商业研究，2010(6)：19.

③ 胡贤鑫，朱书刚，吴亚平. 财富权力与货币权力——马克思的财富理论及其警示意义[J]. 经济学家，2010(10)：35-37.

还有学者从一般社会学理论的角度,将权力理解为由力量形成的支配权。权力是一种力量,是力量拥有者通过支配、控制、引导和有意识影响人或物而对其产生预期效果的能力。每一个时代都有其代表性的权力,金融全球化时代的代表性权力就是币权[1],币权是核心货币国家和世界性金融机构通过全球货币体系的设计与运行以控制与影响当代世界体系的权力,其核心是控制金融资本体系的增值链,即控制全球资本投资、产业分工链与世界经济体系中剩余价值的分配。

有学者认为,信用货币制度下,货币从权力的角度具有主权财产权属性,该属性包括三个方面[2]:是国家主权的重要组成部分;是本国财产的一般性代表;是能够独立地进行本国货币立法的国际法依据。该货币权力主要包括货币立法权、货币发行权、货币调控权和外汇管理权。

在国际层面,随着民族国家的兴起,国家具有货币主权,而且由于经济的全球化和货币的跨国流通不断深化,货币不仅在国内发挥影响,而且在国外也有着重要作用。各国货币权力在较量与比拼后达成均衡,尔后平衡打破又再形成新的权力均衡。历经多个国际性货币制度后,现在形成了以美元主导的货币权力等级秩序。国际货币制度目前主要由各国货币权力的大小强弱所决定,而没有形成国际货币权力的规范机制。

权力(Power)是国际政治学中的核心概念。政治学者拉斯韦尔认为权力可能是政治学中最基本的概念。政治即为行使权力后的结果。政治行动就是追求权力效果之事。政治过程就是权力的形成、分配与运用。他认为权力关系不仅存在于政府机关和一般政治团体中,而且也表现于其他群体内。在他看来,权力研究就是着重分析"谁赢得何物,何时与如何赢得"这一主题[3]。世界各国以权力为基础而互动,整个世界形成了一种权力结构。政治学特别是国际政治学中权力和法学中权力界定的区别,反映出两个学科对待权力的不同理论预设。国际

---

① 王湘穗. 币权:世界政治的当代枢纽[J]. 现代国际关系,2009(7):3.
② 刘少军. 信用货币财产权理论研究——对《民法典》草案中相关内容的质疑[EB/OL]. 2004-02-29 http://www.ccelaws.com/jingjifaxue/2009-01-01/5191.html
③ 哈罗德·D.拉斯韦尔. 政治学:谁得到什么?何时和如何得到[M]. 杨昌裕,译. 北京:商务印书馆,2009.

政治学中的权力的概念是中性的,其关注于权力的运行过程和权力结构形成,法学则是基于个体权利的角度谨慎对待权力,防范它警惕它,通过严密的程序给权力划出明确的行使范围。两种权力角度不应当过分地拉开距离,权力的政治学考察补充了法学所需要的权力运行的具体轨迹和影响,而法学对制约和规范权力、保障个体权利的研究又是政治学的合乎逻辑的发展要求和目的所在。国际货币权力的合理秩序的保障或构建,也需要首先对现实国际货币权力的具体运行和影响做详细分析。

货币主权是国际通行和公认的主权原则的构成要素之一。货币主权就是民族国家通过货币实现其利益的权力。在货币演化到不可兑换纸币形态后,货币就逐渐具有了主权的属性和特点。目前,几乎所有国家的货币都由国家主权所控制。货币也被普遍认为是由一国政府强制发行的、体现国家利益与意志的交易媒介。一般而言,货币主权包括由国家决定币种、货币发行、币值、汇率、储备等诸多货币事务[①]。国家货币主权通过货币法规和货币制度得以行使,而且该权力从国际层面来看是不容侵犯的主权。

货币主权作为货币权力中的自治力是货币权力的基础;影响力作为一国货币主权的客观或积极追求的超国界的外部效应,是以货币主权为前提条件的。只有当一个国家货币权力能不受他国影响而自由地追求其货币目标时,它才具有真正独立的货币主权。在世界经济一体化下,单一国家已经无法从国际货币体系中孤立出来。国家间的贸易往来使得国际收支相互联系,无论是贸易顺差、逆差还是出现平衡,一国已经无法做到不使用和接纳他国货币,当然除了美国以外。一国的货币政策必然受到国际收支和他国货币的影响,完全独立、不受他国影响的货币权力不再存在。当然这并不是说就不存在货币权力的自治力,不再有货币主权,而是说,一国货币权力的行使必然在他国货币权力的影响下,各国的货币权力相互影响。在各国货币权力的交互影响中,一国货币权力的行使应当考虑对他国的影响,避免某一国家货币权力的膨胀和恣意行使对他国货币主权的干扰导致国际收支的严重不平衡和国家货币制度的失衡。因此,国际货币权力秩序的关键在于权力

---

① 于祖尧.汇率制度改革必须维护货币主权[J].红旗文稿,2011(11):9.

和责任的对称,明确造成权力失衡者的责任承担,以此维护和谐的国际货币制度。

(三)本研究论述的货币权力

布莱克法律辞典对于权力有三种定义:①权力(Power)是做某事的权利、能力、职权或权能(Faculty),权力是授权人自己能合法行使某行为的权威(Authority);②权力是在法律关系中主体能够以一定作为或不作为改变此关系的能力;③狭义的权力指为了自己或他人利益处置动产、不动产或赋予某人处置他人权益的自由或职权。综合起来说,权力可以界定为一种控制和获取资源的力量①。

货币具有重要的作用与影响,货币数量的发展变化一直与经济活动、名义国民收入及价格的变化紧密相连,货币变动与经济变动之间的相互关系一直是高度相关的,货币变动通常有独立的根源,货币变动的权力成为影响经济活动与个体权利的重要因素。杨松教授认为,货币权就是国家管理货币事务的权力,其包括货币发行权、货币调控权、利率调整权、金融审慎稳定权四项子权力,并与货币财产(权)、货币主权等相关基础范畴构成对应关系。② 货币权是国家经济权力的一种,属于公共权力。货币权力的实施机构是各国的中央银行,在中国,货币政策委员会是中国人民银行制定货币政策的咨询议事机构。③ 中央银行在综合分析宏观经济形势的基础上,根据国家宏观调控目标,制定和调整货币政策、一定时期内的货币政策控制目标、货币政策工具的运用以及货币政策与其他宏观经济政策的协调等重大事项。

广义的货币供给除中央银行的货币发行外,还包括商业银行与非银行金融机构的信用创造。商业银行与非银行金融机构包括贴现公司、保险公司、共同基金、储蓄银行、住房贷款公司和投资信托公司等。这些金融机构能够扩展信贷,极大地增加了整个社会的流动性。流动性不仅仅由货币供应所影响,还包括在银行的借贷,以及在其他金融机构的短期负债,一定程度上,流动性就是广义的信用。这些金融机构的金融创造共同构成了整个经济体的流动性,从而影响社会总需求。银

---

① 周启柏.公权力与私权利关系的法理学思考[J].西安外事学院学报,2007(1):76.
② 杨松,等.银行法律制度改革与完善研究[M].北京:北京大学出版社,2011:153.
③ 杨松,等.银行法律制度改革与完善研究[M].北京:北京大学出版社,2011:154.

行和非金融机构作为流动性的提供者,使货币权力的标的不局限于货币,而是扩展到了信用或者说流动性。通过对流动性的提供和影响,商业银行与非银行金融机构能够与政府与央行分享货币权力。基础货币经发行进入流通后,中央银行就难以控制货币与其他金融资产乃至实物资产间的转化,这很大程度上由金融机构来决定。商业银行和其他金融机构的信用创造影响和削弱了政府的货币权力,中央银行对货币供应量的控制能力因此降低。仅仅控制基础货币供应量,不能有效防止通货膨胀,中央银行不但要控制货币供应,还必须有效规范其他金融机构的货币权力,调整总的社会流动性。

中央银行对金融机构具有的货币权力进行协调与管理,可以视为杨松教授货币权观点中的金融审慎稳定权这项子权力。此项权力更多地涉及中央银行的金融监管行政性权力的行使,本书不具体展开论述。同时,对于杨松教授货币权观点中的利率调整权此项子权力,也有不少论述将其纳入货币政策调控权的范围内。此外,对国际视野下的货币权力,由于篇幅和范围,本书也不具体阐述。因此,本书对货币权力的界定主要参照杨松教授的观点,认为货币权力是指政府与中央银行通过对货币供应量、货币政策的控制的,影响市场、经济和个体财产状况的能力。

货币权力对应的是货币权利,即货币持有者所享有的特定权利。从权利角度,有学者认为,信用货币是一般财产权[①]。它是法定财产权、绝对财产权、独立财产权、浮动财产权和地域财产权。信用货币是流通财产权,从信用货币本身的功能上来看,它是一种在不同财产权之间进行流通交易时的媒介性财产权。信用货币是兑换财产权,普通财产权都是特定财产权,信用货币财产权是一般财产权。信用货币是证券财产权,信用货币是中央银行通过其资产业务投放到商业银行系统,并且只能在商业银行系统内部流通的价值符号。为使货币权利人能够以某种方式控制这些价值符号,就必须将其表现为各种形式的证券。这样,货币财产权就进一步转化为证券财产权。信用货币证券财产权具体包括:证券制作权、使用权、选择权、占有权和交易权。由以上可

---

① 刘少军.信用货币财产权理论研究——对《民法典》草案中相关内容的质疑[EB/OL].2004-02-29 http://www.ccelaws.com/jingjifaxue/2009-01-01/5191.html

见,信用货币是一种特殊的财产。但该观点没有强调货币权利中核心的部分,即持币人有权要求币值的稳定。在商品货币时期市场主体能够生产供应货币,也可以拒绝接受或使用货币。当货币发展到不可兑换纸币形态,则政府与中央银行掌握了垄断性的货币权力。

第二节 货币的供给

现代金融体制下,中央银行垄断了货币发行权,是国家唯一的货币发行机构,这是中央银行区别于商业银行与其他金融机构的独特之处。中央银行行使货币发行的职能,调节货币流通。经济学的观点认为,中央银行根据国民经济发展的客观需要发行货币,从宏观经济的角度控制信贷规模,调节货币供应量,印铸、销毁票币,进行库款调拨,合理满足地区间主辅币需要量,保持货币的稳定。[1]

一、中央银行的货币发行

货币发行是中央银行最基本的职权。自 1694 年英格兰银行成立以来,中央银行独占货币发行权成为各国货币制度中最基本的特征。中央银行一般被认为具有三大基本职能,即发行的银行、银行的银行、政府的银行。其中"发行的银行",就是指国家赋予中央银行垄断的货币发行权。没有货币发行,就不需要中央银行,因此"发行的银行"是中央银行的首要职能。货币发行是中央银行核心业务之一,并与中央银行其他业务密切相关。一定程度上,中央银行的所有其他业务都是从货币发行发展延伸出来的。中央银行如果没有垄断的货币发行权,就无法进行货币供应量的调节。支付结算业务也源于中央银行的货币发行,社会公众持有的现金形成存款,构成了商业银行间转账结算的基础,从而产生了对中央银行行使支付结算职能的需求。[2]

纸币的发行需要某种形式的信任,人们可以用耐用品作为保证来发行纸币,同时可以直接使用该耐用品,虽然这仍然需要契约法的规范

① 王继忠,吴景杰. 充分认识货币发行的地位及作用[J]. 中国统计,1997(12):23.
② 马德伦. 积极探索现代经济条件下的货币发行规律[J]. 中国金融,2010(11):8-10.

作用,但需要的信任要比"赤裸裸的货币"需要的信任少。[①] 但如果客观经济发展没有提供这种钞票流通的基础,法律也不能把此基础创造出来。这个客观基础就是市场中的商品交换。人们信任这个国家,认为它不会倒闭,也相信它的法律会保护货币,才会接受这个货币。如果相反,人们会拒绝接受,或者不信任这个货币代表的价值,即使货币没有超过经济要求多发行,但它仍然会贬值。

在现代中央银行制度建立起之前,铸币税是重要的财政收入。在各国由国库直接管理和发行货币,获取的铸币收入跟税收一起用于财政支出。世界上很多国家目前还没有建立起独立的中央银行,货币发行收入仍然是财政收入。很多南美国家即使建立起中央银行,财政仍能直接向中央银行借款,往往有借无还,还会形成铸币税。中央银行制度在各国逐渐规范起来后,不仅商业银行的管理规范化了,而且货币发行管理也要求规范化。中央银行独立性的法律规定,使货币发行的权限集中于中央银行,也保障发行收入成为中央银行的资产。中央银行具有独立的货币发行、金融管理等职权。规范的中央银行制度要求,货币发行收入只能作为央行的资产,不能用于财政。央行根据经济发展需要独立决定货币的发行,该货币发行被称为"经济发行"。[②]

货币发行量是基础货币的主要构成部分,中央银行作为货币发行银行每天都可以掌握货币投放与回笼情况,通过货币投放与回笼以影响商业银行派生存款能力的增强与减弱。基础货币也称为高能货币或强力货币,其重要性在于能够用于创造多倍于自身数量的货币,是货币创造的基础。从我国人民银行的资产负债表结构内容来看,基础货币是中央银行的负债,其主要包括金融机构法定准备金存款、超额准备金存款、财政性存款和流通中现金四大部分,它们约占中央银行负债总额的96%左右,其余4%左右的中央银行负债是汇兑在途等其他待结算现金。在现行金融体系下,基础货币的运转集中体现于中央银行的资产负债平衡表,它在程序上由中央银行的资产业务形成,而其数量由中央银行的资产业务规模决定。中央银行通过增加或减少自身资产负债

---

① 马丁·舒贝克.货币和金融机构理论(第2卷)[M].王永钦,译.上海:上海三联书店,2006:66.

② 吕旺实.国债,货币发行与汇率的关系研究(上)[J].财政研究,2007(3):28.

总量,以及管理和调节各项资产负债的结构,就可以直接或间接地调控银行信贷总规模和货币供应量,放松或收紧银根,以实现货币政策目标。①

二、我国中央银行对人民币的供给

按照《中国人民银行法》的规定,"发行人民币,管理人民币流通"是中央银行的重要职能。我国的货币发行是指中国人民银行作为中央银行代表国家向社会提供流通与支付手段并筹集资金的行为。

我国现行制度下货币发行权集中于中央政府。中国人民银行在货币发行中的主要任务是根据国民经济发展的需要提出货币发行计划,报经国务院批准后由其组织实施。中央银行与货币政策委员会重点考察货币发行与社会发展的关系,以更好地为调整货币流通和制定货币发行政策提供科学依据。②

中国人民银行货币发行职能的行使,依靠以下两种方式来调节货币流通:一是计划调节,即通过保持信贷、现金计划与国民经济的平衡,有计划地组织货币的投放与回笼;二是市场调节,即根据流通领域所能容纳的货币量,进行信贷资金来源与运用的调节,维持贷款与物资的平衡,通过紧缩银根或松动银根进行有的放矢的灵活调节,促进经济发展,防止通货膨胀。③

一般而言,我国中央银行基础货币的投放渠道有四种:一是对专业银行、商业银行与其他金融机构的再贷款、再贴现;二是中央银行的直接贷款;三是财政借款或透支;四是外汇占款。它们在基础货币供给中发挥的影响不同,并根据经济环境的变化而不断改变。④

第三节　货币政策的调控

米塞斯看来,现代货币政策完全是新鲜事物,它与政府早期的货币

---

① 王继忠,吴景杰. 充分认识货币发行的地位及作用[J]. 中国统计,1997(12):24.
② 王继忠,吴景杰. 充分认识货币发行的地位及作用[J]. 中国统计,1997(12):23.
③ 王继忠,吴景杰. 充分认识货币发行的地位及作用[J]. 中国统计,1997(12):23.
④ 王继忠,吴景杰. 充分认识货币发行的地位及作用[J]. 中国统计,1997(12):24.

活动根本不同。就过去而言，货币事务中的好政府，在于其能够通过经营的铸币业务向商业社会提供一种大家依照面值能一致接受的铸币；而货币事务中的坏政府，是政府破坏了大家对货币的信仰。但当政府降低铸币的成色时，它常常纯粹是因财政的原因。政府需要更多的资金，这就是全部理由，根本没有涉及货币政策的问题。货币政策是货币客观交换价值问题。货币制度的性质对货币政策的影响，以涉及此类货币的价值问题为限。货币政策，只能从它们对货币客观交换价值的有计划的影响方面才能加以了解。它们与改变一种商品或许多商品的货币价格的经济政策等各种行为构成对比。①

货币政策是中央银行为实现特定的经济目标而采取的各种控制和调节货币信用量的方针和措施的总称。货币政策包括货币政策目标、货币政策中介目标和货币政策工具等基本要素。最终目标具有一般性和长期的稳定性，通常由中央银行法确定。货币政策中介目标和货币政策工具，可以根据金融市场的变化规律进行改革和创新。中央银行信用调控的核心内容，就是通过货币政策工具的运用，控制商业银行的存款货币创造活动，影响资本市场的货币流量，从而实现货币政策目标。②

81

一、货币政策调控权的发展与类型

信用货币制度实行以前，金本位制给各个国家强加了一个自动运行的经济政策框架，这其中包括货币政策。货币政策由黄金流动自动决定，它校正国际收支以维持均衡。除国家遭遇紧急情况外，财政政策的目标是保障预算平衡，或者稍有盈余，以便建立偿债基金来偿还公债。1819年的英国实行的是金本位制，而其他国家采取的是银本位制或复本位制。到1870年为止，无论法国还是美国的复本位制，都足以确保整个世界的金银比率近乎固定不变。在普法战争期间，法国中止了货币与贵金属的兑换。大量增加的白银供给，加上新崛起的德意志帝国和斯堪的纳维亚国家抛弃了银本位制，导致白银价格直线下降，引起银本位制国家的通货膨胀。法国面临黄金储备流失的威胁，决定采

---

① 米塞斯.货币与信用原理[M].杨承厚,译.台北:台湾银行经济研究室,1967:170.
② 张宇润.货币的法本质[M].北京:中国检察出版社,2010:128.

取金本位制,让价值高估的法定货币白银仍然留在流通之中。美国内战爆发后,美国也脱离了复本位制。1873 年美国的通货法案没有要求铸造白银美元,结果 1879 年当美国恢复使用贵金属货币时,就糊里糊涂地走上了金本位制。此外,奥匈帝国、俄国和日本于 19 世纪 90 年代采取了金本位制,所以到 1900 年,除中国以外,所有重要大国均已实施金本位制。战前的金本位制是财政约束的有力工具。各国为了避免人们丧失对金本位制的信心以及出现外部投机和黄金流失,就必须防止大规模公债和长期财政赤字。加上公众对税收的抵制,金本位制还是对政府开支的有力限制。但是,随着第一次世界大战的爆发,绝大多数交战国都抛弃了金本位制,货币和财政约束彻底崩溃。[①]

第二次世界大战后,在凯恩斯主义的影响下,各国政府纷纷对经济进行重大的干预,货币政策成为其重要手段之一。政府宏观经济政策主要包括货币政策与财政政策、产业政策、贸易政策等。按照美国《1946 年就业法》的规定,宏观经济的目标是实现经济增长、充分就业、物价稳定和国际收支平衡,货币政策和其他手段则是实现上述目标的主要工具。[②]

货币政策对产出具有重要影响,这是宏观经济研究的重要内容。一方面,作为一个极端,货币中性论者认为货币政策不能影响实际经济活动,扩张性的货币政策只会导致物价水平的上涨;另一方面,凯恩斯主义的分析认为货币政策能够通过对实际利率的作用而影响到实际经济活动。从而,凯恩斯主义下的货币政策,主要是扩大或紧缩现金发行量与信贷计划的规模,从而更接近于行政手段,利率成为货币政策中的间接调控手段。[③]

米塞斯认为,货币政策调控权包括通货膨胀主义、限制主义和以货币客观交换价值的稳定为目的的三种类型。

单纯的通货膨胀主义货币政策要求增加货币数量,而没有考虑到

---

① 蒙代尔.蒙代尔经济学文集(第二卷)[M].货币与宏观经济的一般理论.向松祚,译.北京:中国金融出版社,2003:130.

② 单飞跃,鲁勇睿.货币政策权力的宪法性配置研究[J].重庆大学学报(社会科学版),2011(3):111-112.

③ 沈巍,孙跃实,闫爱玲.我国财政政策与货币政策宏观调控特点比较分析——改革开放 30 年回顾与总结[J].金融与经济,2010(11):45.

数量增加会降低货币的购买力。而且货币贬值只有在无法预测的情形下，才能使债务人受益。如果通货膨胀与货币价值的变动已经为人们所预测，则放款者将要求更高的利息以补偿其资本在通货膨胀中会受到的损失。通货膨胀货币政策想通过增加货币数量的方式，以改变债权人与债务人间的关系并希望有利于后者，除非突然地、意外地付诸实行，一般而言，该目的很难实现。①

另外一种通货膨胀主义并不否认通货膨胀存在的严重缺陷。然而，他们认为与健全的货币制度相比，货币政策还有更重要的目的。通货膨胀是巨大的危害，然而不是最大的；在某种情况下，政府也许应当利用危害不是最大的通货膨胀对付更大的危害。为了保卫国家或挽救饥饿的人民免于死亡，有人就主张应当不顾任何代价实行通货膨胀。这种附条件的通货膨胀，受到这样的理由支持：通货膨胀是某种情况下可以实行的一种税收。这种理由认为，发行新钞票以支付公共支出，在某些情形下比增加税收负担或借债更好。当一个政府不愿增加税收或不能举债时，就会求助于通货膨胀，这是实际中的通常情况。②

通货膨胀主义货币政策最大的优点，在于能够形成表面的经济繁荣和财富增加。通货膨胀下单纯的货币数量的计算，掩盖了真实资本的消耗。通货膨胀使企业与投资者出现了虚假的利润，此利润被视为所得而被课以沉重的税赋，使社会大众与纳税人自己没有觉察到部分资本已被征收。③

当一国政府无法借到款项而又不敢开征税收时，它通常被迫采取通货膨胀的办法。同时政府有理由相信，如果它将通货膨胀货币政策的金融后果与一般经济后果过早透露，其政策就得不到人们的支持。因此，通货膨胀成为必须隐藏其结果的货币政策。在此意义上，米塞斯称其为反民主的政策工具，因为通过公共舆论的歪曲它可以使一个没有获得人们支持希望的政府（如果一切情况都为人们知晓的话）继续存续。这就是通货膨胀的政治功能。它解释了何以通货膨胀在战争及革命时期常常成为重要的政策工具。④

① 米塞斯. 货币与信用原理[M]. 杨承厚，译. 台北：台湾银行经济研究室，1967：173.
② 米塞斯. 货币与信用原理[M]. 杨承厚，译. 台北：台湾银行经济研究室，1967：174.
③ 米塞斯. 货币与信用原理[M]. 杨承厚，译. 台北：台湾银行经济研究室，1967：175.
④ 米塞斯. 货币与信用原理[M]. 杨承厚，译. 台北：台湾银行经济研究室，1967：176.

限制主义货币政策是指以提高货币客观交换价值为目标的货币政策。限制主义货币政策的目标,在货币需求增长的情况下,可以通过货币数量不增加或增加比例不足的方式实现。当信用货币本位贬值的情况下,此项方法经常作为增加货币价值的一种途径被采用。通货膨胀主义存在并风行,在于它能开辟财政收入的来源。通货膨胀不但对国库不增加任何负担,反而实际上为国库增加收入的这一事实,使其得到有力支持。限制主义货币政策的实施使钞票退出流通(例如通过付息公债的发行或通过税收的征收)并予以消灭的方式,就会导致国库蒙受实际的牺牲,当货币需求增加而禁止钞票的增发,这至少需要国库放弃潜在的收入。仅此一点,已足以说明限制主义为何永远不能与通货膨胀货币政策竞争。除了在货币贬值后、人们考虑以何种政策代替已被放弃的通货膨胀政策的时候之外,限制主义的货币政策一直没有获得任何程度的支持。[①]

货币政策调控权的第三类型是以货币客观交换价值的稳定为目的的货币政策。对于增加或降低货币客观交换价值,人们都予以拒绝,于是产生了货币客观价值不变的理想。货币交换价值不因货币供给与货币需求的比率而发生变动的理想,要求货币当局使用货币政策干预货币的价值。但重要的问题是,除了货币价值变动受到货币供应与需求影响外,我们无法正确决定货币交换价值的变动究竟产生于其他何种原因以及其影响的具体程度。在此意义上,从事稳定货币交换价值的努力势必因其目标为人类知识所不能达到的困难而在一开始就遭受挫败。是否存在任何进行稳定货币交换价值干预的必要,以及此项干预应当推行至何种必要程度,其所涉及的不确定因素一定会引起通货膨胀主义者与限制主义者间的争论。一旦国家确立可以并且应当影响货币价值的原则,即使目的仅在于保证其价值的稳定,也会导致发生错误与过度的危险。[②]

二、货币政策调控目标与工具

稳定币值、充分就业、经济增长和国际收支平衡都是各国货币政策

---

① 米塞斯. 货币与信用原理[M]. 杨承厚,译. 台北:台湾银行经济研究室,1967:183.
② 米塞斯. 货币与信用原理[M]. 杨承厚,译. 台北:台湾银行经济研究室,1967:187.

的传统目标。但这些目标的具体含义,在各国实践中却存在很大分歧。而且,物价稳定与充分就业、经济增长、国际收支,经济增长与国际收支平衡间都存在矛盾,货币政策目标并不能同时兼顾。当代市场经济比较发达的国家大部分选择利率(凯恩斯主义)、货币供应量(货币主义)、超额准备金或基础货币,以及汇率等作为中介目标。货币政策工具则有再贴现政策、公开市场、准备金制度、信用管制、国债管理等。①

新凯恩斯主义学者在不同的模型选择与央行可操作性的考量基础上主张不同的货币政策目标制,主要包括钉住通货膨胀目标、钉住价格水平目标、钉住价格水平——通货膨胀混合目标与钉住产出缺口变化目标以及钉住名义收入增长目标等。②

货币政策工具则包括数量工具和价格工具,一般而言,在市场机制比较完备的情况下,中央银行对于货币数量与货币价格这两方面的货币政策中间目标,往往只需钉住一个,另一个中间目标能相应地内生性形成。换言之,货币数量和利率之间具有内在联系,并且这种内在联系可以由市场机制予以确定。美国在 20 世纪 80 年代之前实行的是钉住货币数量,美联储调整利率,以使货币供给量与需求量趋于均衡;在 20 世纪 80 年代后则实行钉住利率政策,美联储调整货币数量,促使市场利率与政策目标利率趋于一致。我国货币政策工具的运用方式,是同时钉住货币数量与货币价格的双锁定方式,这与我国经济发展的阶段性与经济体制转轨的特殊性有内在关联。③

还有学者认为,货币政策工具可以分为一般性货币政策工具与对特殊经济领域发生作用的选择性货币政策工具,前者主要包括公开市场业务、再贴现政策和法定存款准备金政策,后者主要有消费信贷控制、道义劝告等。通常而言,一般性货币政策工具属于调节货币总量的工具,会对整个宏观经济产生影响,但如果采取的操作方式不同,往往也会体现出不同的结构性。④

我国的存款准备金率、再贴率与公开市场操作三种货币政策工具,

① 罗天勇. 论中国货币政策的价值取向[J]. 中央财经大学学报,2011(11):23.
② 杨薇,吴超林. 国外新凯恩斯主义最优货币政策研究演进[J]. 经济纵横,2011(2):20.
③ 刘伟. 我国现阶段反通货膨胀的货币政策究竟遇到了怎样的困难[J]. 经济学动态,2011(9):6.
④ 马贱阳. 结构性货币政策:一般理论和国际经验[J]. 金融理论与实践,2011(4):112.

对产出、价格水平与就业人数的调控效果都不相同；总体上看，这三种货币政策工具对实体部门和宏观经济的影响都不大，单独使用其中一种货币政策工具都不能有效调控实际经济变量。[1]

《中国人民银行法》第二条规定，中国人民银行在国务院领导下，制定和实施货币政策，对金融业实施监督管理。第五条规定，中国人民银行就年度货币供应量、利率、汇率和国务院规定的其他重要事项做出决定，报国务院批准后执行。人民银行法的这些规定表明，我国中央银行在法律上隶属于中央政府，中央银行并不具有独立的货币政策调控权力，我国货币政策的最终决定者是中央政府。

根据《中国人民银行法》和《中国人民银行货币政策委员会条例》的规定，货币政策委员会是中国人民银行制定和实施货币政策的咨询议事机构，对货币政策的制定和实施有一定的影响力。货币政策委员会是保证中央银行货币政策效力的重要制度安排。《中国人民银行法》第十一条规定，中国人民银行设立货币政策委员会。货币政策委员会的职责、组成和工作程序，由国务院规定，报全国人民代表大会常务委员会备案。

---

① 张学勇，宋雪楠.金融危机下货币政策及其效果：基于国际比较的视角[J].国际金融研究,2011(9):9.

第五章 现行货币制度的失范分析

弗里德曼认为,货币太重要了,所以不能让中央银行独享货币权力①。而现实的情况比弗里德曼预想的更为严峻,在世界各国中,中央银行独立行使货币权力的情形较少,政府往往也在行使货币权力。货币权力是能影响和控制经济与社会的强大工具,如同列宁所说,毁灭一个社会的最有效的途径是摧毁其货币。政府的货币权力使其能够规避征税须取得立法机关明确同意的限制,在很大程度上使货币成为政府从人们那里索取税收的有力工具。虽然这种情况从古代就开始了,那时君主们通过削减金属货币的成色来实现筹集资金的目的,但纸币兴起后现代政府可以以极低的成本来获取无限制的收入,只要它开动印钞机就可以了。政府拥有巨大货币权力,却不担负相应的义务,这种无约束的权力造成了现代社会一系列严重问题。基本制度是要保障个体在不妨碍他人的自由的前提下享有最大程度的自由,在基本制度内在要求下的制度安排应当从根本上规范任何集中的权力,尤其是像货币权力这样具有巨大影响的权力。要构建货币的基本制度,有必要分析货币的现实情况,根据货币制度存在的问题寻求基本制度的规范途径。

第一节 货币发行的亲通胀倾向

在中央银行不独立的情形下,货币发行往往由政府最终决定。政府不是类似个人一样行为的单一实体,而是不同角色的政治家和官员参与的复杂的互动过程。政府行为的结果不是单一参与者动机的反映。民主社会,政府受到选民的明确约束。如果政府行为逆于普遍的

① 本·伯南克.弗里德曼的货币框架:一些教训[J]. 中国金融,2006(5):55.

公共利益,或者大多数选民的利益,那么就会遭受选举的失败。但民主选举对政府权力的有效约束越来越多地受到批评性的理论审视。第二次世界大战后发展起来的公共选择理论认为①,周期选举并不能有效约束决策者权力的自由裁量;政府能够影响立法过程,关注立法者的动机超过对选民的关心更符合政府的意图;有组织的利益集团能够利用政府的财政政策追求明显违反公共利益的结果。第二次世界大战后西方国家政府的快速膨胀更难以支持民主约束的政治模式。政府在人们的公共利益之外有自身的内在发展动力,更类似于垄断者。大多数政治家和官僚一心为公,但总有些时候会按照其自利的天然倾向行为,这种“最坏情形”的存在提供了建设性改革——对政府货币创造权、征税权和经济调控权进行制度约束——的背景,当然预设条件是宪法能有效约束政府行为。在此意义上,垄断者政府的出现,也区别于正统经济学中的仁慈政府和公共选择中的选举约束政府。

一、民主政治下的通胀偏好

在非通胀的体制下,政府当局能保障货币充分的交换价值,只要首次发行的货币量被固定。这种模式下,持有一单位纸币的成本是此纸币能购买的实物财产的回报率,在单期中,设单位货币的成本为C,那货币创造的垄断者如何从国民处获得比货币的交换价值更多的财产?这可以通过将持币的成本提高到超过C来达到,即在首期后各期间内发行新的货币以减少首期发行的货币的数量的价值。假设在第一期某人选择持有1元纸币,C为10%,即持有1元纸币的成本是10分。他希望这1元钱能保持等量的资本价值,即在期初和期末都能购买等量的商品和服务。但又假设在此期间货币供给增加了一倍,持币人将发现物价上涨了一倍,期末1元钱将只能购买期初时的一半服务或商品,持币成本变为60分,对应于非通胀体制下的10分。这表明垄断者通过首期货币的发行就可获得货币的所有交换价值,另外,通过增发货币、减少人们持币时置于货币上的资本价值,垄断特权可以剥夺更多的实体价值。在人们持有首期发行的货币后,货币当局可通过在第二期

---

① 黄镕.规范主义经济宪法学的理论架构——以布坎南的思想为主轴[J].法商研究,2007(2):148.

发行足够数量的货币使现有货币的资本价值几乎减少至零。假设首期货币发行量为 10 万,货币当局在第二期发行 1 000 万,首期持有 M 数量货币的持币人会发现单位货币只值首期决策时币值的百分之一。①

但人们不会总是被愚弄。首先,预期到会有新的货币发行,则很少的财物会以货币的形式持有,即持币的成本越高,持有量越少。其次,更复杂的是,如果个体预期其持有货币的资本价值将通过货币通货膨胀性的发行被全部没收,那么持有货币就不再理性,似乎没有人会持有货币了。最终,经济会回复到物物交换,政府虽然有发行货币的特权,但没有人接受,用这所谓的钱也买不到商品和服务,垄断特权的价值也变为零。从而存在可信度困局。潜在的持币者和货币当局间存在着交易收益,但由于缺乏有效的执行机制,使能保证双方都有净收益的契约难于达成。货币当局可能通过预先声明来解决这个死结,它可能事先公布所有的具体货币发行计划。很明显如果政府违约则这些货币的资本价值会被政府掠夺。背弃诺言进行通胀,政府可以没收所有货币的资本价值。当然这样做就会丧失其信用。人们只会相信这种声明一次,不会再持有货币。

在何种情况下潜在的持币者理性预期政府会违约? 这取决于政府行为的贴现率。如果贴现率高于投资回报率,则明显理性的政府会选择违约;若贴现率低于回报率,则会遵守诺言②。垄断货币发行的政府的贴现率取决于它调整资产组合的能力和特权的预期业绩。政府作为拥有货币创造特权的垄断者,有许多制度约束会像效用最大化的个人那样调整资产组合。政府很难作出长期投资,也被迫在预算期内用光所有收入,但贴现率仍然可能阻止政府没收公众持有货币的所有资本价值。最能影响贴现率的因素是税收特权预期可以持续的时间,如果政府认为可以持续很长时间,则会采取较低的贴现率。永续存在的政府也认识到偏离预先宣布的货币发行计划会导致丧失信任度的长期损失,因此道德规则或宪法构成了对政府行为的外部约束。但短期行为的张力会得到一种持续,采取规则行为不会将短期收益的想法完全排

---

① Brennan G, Buchanan J M. Monopoly in Money and Inflation: The Case for a Constitution to Discipline Government[R]. London: Institute of Economic Affairs, 1981.

② Brennan G, Buchanan J M. Monopoly in Money and Inflation: The Case for a Constitution to Discipline Government[R]. London: Institute of Economic Affairs, 1981.

除。执政固定期限的政府和官员不会考虑信任缺失给之后的政府带来的成本，既然可以以极小的成本没收货币的资本价值，它有动机在其任期的最后一年实施通胀。

根据理性预期理论，货币扩张仅仅在最初阶段才会对经济有促进作用，如果货币扩张一直持续，其效果就会被人们预期到，人们会根据该货币政策调整行为，从而该货币政策只能影响价格与名义利率，而对经济的实际规模没有影响①。因此，以货币措施或者以财政措施来解决失业问题，期望实现充分就业，会不可避免地导致通货膨胀，而且这会形成恶性循环——解决就业造成通货膨胀，通货膨胀导致新的失业，从而以用新的通货膨胀来解决就业。

某一精确制定的货币制度如果付诸实施，它将会改变人们的合理预期，从而改变人们的行为。因为市场主体在了解这一制度后，他们会调整自己的行为，而有别于该制度设计者预计到的人们的反应行为。实践中，经济主体的行为都包含着对货币政策的合理预期和估计，货币当局要取得特定的政策效果，需要以不可预测的方式来出奇制胜，给市场主体制造意外。但是，这种干预超出了市场主体的预期范围，会破坏人们的合理规划和经济的稳定性，而不能使经济繁荣。这些特定的干预只会在经济中增加例外的随机波动，使市场主体被迫作出调整，从而削弱了市场主体形成准确预期的能力。

某些原因（通常情况是为政府的非常开支筹措资金）会使政府加快发行货币的速度使货币数量快速增长，随之价格也会上涨。但开始时价格上涨的速度慢于货币数量的增长速度。这是因为人们调整持有货币数量需要时间，以及开始时人们存在着一种普遍预期，认为价格上涨是暂时的。这种预期使人们愿意持有货币，从而人们手中的货币增加。货币增加后，价格不断上涨，人们的预期也逐渐改变。人们预计价格将继续上涨，从而减少货币持有量，将货币迅速转变为商品或服务。这使价格开始以快于货币存量增长的速度上涨，人们持有的货币量开始下降。此过程持续的长短取决于货币数量的增长速度。如果货币数量增长率稳定，那么人们持有的货币数量会保持在低于初始水平的一个稳

---

① 王婷.宏观政策与经济发展：基于理性预期的实证考量——2011年诺贝尔经济学奖获得者理论评述[J].浙江社会科学,2011(11):139-143.

定数量上。这说明在稳定的通货膨胀率预期下,价格最后会与货币增长以相同的速度上升。当然,随着货币增长减弱,通货膨胀也会放慢。

无论何时何地,通货膨胀都是一种货币现象。通货膨胀只能因为货币数量增长比经济产出更快而产生。很多因素都会引起通胀率暂时波动,但只有影响货币增长率时通货膨胀才会持久。货币增长会由不同的原因所引起,包括黄金的发现、为政府筹资等。政府支出会导致通货膨胀,如果其支出是通过创造货币——发行纸币或创造银行存款——来供给的。所有重大的通货膨胀基本上都起因于政府求助于印钞机以提供其支出。①

二、财政赤字加剧通货膨胀

财政立宪下的公共财政发挥着基本制度的中心职能,其作为物质基础规范着政府各种权力的行使。国家运行所需要的财富来自于公共财政的供给。国家政治统治职能的实现,如立法、行政、司法等权力的运作与实行,也离不开公共财政提供财产支持;同时政府实现公共服务职能、提供公共产品也需要公共财政②。公共财政来源于人们的税收,又是政府运行与发展的物质基础。通过税收法定而形成的公共财政确立了国家权力的行使范围,划定了政府与个体间的界限,保障了个体的自由和财产。公共财政由预算予以确定,对政府权力进行限制中,支配国家钱包的预算成为关键,对政府预算的控制成为基本制度生成的重要条件。从代议制民主的角度而言,只有当代表纳税人的议会最终实现对财政预算的控制,现代意义上的基本制度才算确立起基础。

根据市场经济国家公共财政框架下的预算法治实践,国家预算包括中央预算与地方预算,是指法定的预算主体(包括立法、行政各部门等)基于人民(纳税人)的信任与委托,遵守法定权限、法定程序和规则,编制、审查和批准政府年度财政收支计划的权力。③ 财政立宪下的公共预算,要求政府的年度财政收入与支出计划,要按照宪法或法律规

---

① 弗里德曼. 货币数量理论[M]//新帕尔格雷夫:经济学词典(第4卷)[M]. 伦敦:麦克米兰;纽约:斯托克顿出版社,1987.
② 陈志勇. 公共财政的宪政分析[J]. 财贸经济,2007(10):68.
③ 朱大旗. 科学发展与我国《预算法》修订应予特别关注的五大问题[J]. 政治与法律,2011(9):4.

定,且必须经过代议制机关审议与批准,代议机关不予审议与批准,政府就无权增加财政收入,也不能进行相关财政支出。换言之,政府没有权力在代议机关之外单独进行预算之外的开支,也无权扩大、缩小或变更财政预算所规定的用途。财政预算对政府财政收入和支出情况定期进行监督,是有效监管政府财政收支的制度。① 预算是一种通常由国家立法机关决定和批准政府在什么项目上花钱、如何花钱、花多少钱,以求公共利益最大化的制度。政府所有的财政支出都必须纳入预算中来,除了法定紧急状态情况外,不许有预算以外的财政支出。② 立法机关对预算的严格控制,体现了一切权力来自人民的民主原则,是建立有限和有效的法治政府的重要制度。预算所批准的公共财政应服务于公共利益,客观上要求政府权力行使的廉洁性与公正性。

财政收入来自人们的财产,是公共化了的财产权。财政预算作为财政立宪的具体制度,包括对财政收入与财政支出的确定。每年立法机关对财政收支进行审议、核实与确认,是为确认政府的财政收入是否超过预算要求,以确认政府是否从个人和市场得到了更多的收入,核实政府是否按照预算施行其职责。要达到这些作用,财政预算的内容首先必须明确,财政收入不能由政府进行变动。财政预算批准了财政收入的确定数量,控制政府的开支数量,限制了政府权力滥用的物质资源。人们控制了政府的财政预算,就控制住了政府经济命脉,因而能够对政府进行有效监督。

财政立宪最早在英国产生时,英国还处在金属货币时期。金属货币限制了政府操纵货币的范围和方式,政府并不具有垄断的货币权力。货币的购买力和商品的物价由市场所调节。稳定的币值和平等的货币权力成为财政立宪的隐含前提。财政立宪约束政府对个人财产的任意强制和干预。在金属货币制下,财产与货币间关系由市场供需调节,货币权力由市场主体平等地享有,无论政府要求实物缴税还是缴纳金属货币,政府都没有足够的垄断性的货币权力来制造通货膨胀,使人们所持货币贬值变现地掠夺人们财产、侵犯财产权。换言之,金属货币制度

---

① 周长鲜.财政预算绩效监督体制:西方发达国家议会的经验与启示[J].经济社会体制比较,2010(5):148-153.

② 熊伟.认真对待权力:公共预算的法律要义[J].政法论坛,2011(5):47.

下,货币权力不能为政府所垄断而侵犯人们的权利,财政立宪保护财产权的目的才能得以实现。

在现代信用货币制度下,国家控制了货币发行,财政部与中央银行配合,政府的支出都一律贷记为商业银行在中央银行的准备金账户,使银行体系的准备金增多,政府赤字多数作为银行负债。政府支出使整个银行体系准备金增加,从而导致基础货币存量增加、市场利率降低。而根据凯恩斯主义的观点,只要资本边际效率大于通常以银行同业拆借利率表示的市场利率,增加投资就会使就业与产出增加的同时也增加税收收入[1]。而通过政府赤字使银行体系的净准备金增多以维持较低的市场利率能够有效刺激投资需求、增加投资,这又会保障税收的增加。现代国家正是将凯恩斯主义奉为圭臬,开动印钞机,绕过了财政预算的严密控制。

凯恩斯主义下,政府可以开列巨大的财政赤字以避开财政预算对其的约束。一般认为,政府能够通过赤字财政从私人部门挤出部分资源,从而创造额外的政府资本积累。财政赤字之所以能够得以实行,这是因为政府垄断货币发行下可以通过通货膨胀来弥补。通货膨胀是一种税收(从货币扩张意义上定义的通货膨胀),古典经济学家像约翰·穆勒早就清晰地指出这一点。正如假钞骗子可以从他的同胞那里骗取资源一样,政府也能够这么干。政府从公众手里拿走的资源在一定程度上是以牺牲私人部门的消费为代价,反过来投资于生产性资本,所以它能够加速经济增长。或者,即使通货膨胀税是以牺牲私人部门投资为代价。[2]

对于财政赤字与通货膨胀间的关系,一般而言,国内学术界对此问题的认识是统一的,即通过货币融资方式弥补财政赤字会导致通货膨胀。我国在传统体制下,财政赤字的弥补主要是以向银行透支的方式来完成。这种赤字弥补方式,会直接增加流通领域的货币供应量,造成通货膨胀。近年来,我国的财政赤字大都通过发行国债予以弥补。如果弥补赤字的资金来源于非银行部门(如家庭与个人)的借款,则会对

---

① 张守文.财政危机中的宪政问题[J].法学,2003(9):40.
② 蒙代尔.蒙代尔经济学文集(第二卷):货币与宏观经济的一般理论[M].向松柞,译.北京:中国金融出版社,2003:38.

总需求产生抑制性作用。如果弥补赤字的资金来源于商业银行,商业银行又以增加信用的方式参与对中央银行的承购,这就会对通货膨胀产生扩张性影响。①

从财政赤字的融资方式来看,中国财政赤字导致货币供给增加的机理在于:如果认债主体是商业银行,在商业银行使用其在中央银行的超额准备金认购政府债券的情形下,流通中的货币供应量不会增加;如果商业银行在中央银行没有超额准备金,而采用减少在中央银行的准备金来认购政府债券,相应商业银行必须压缩其贷款规模,一旦其贷款规模无法压缩,商业银行将债券出售给中央银行或向中央银行抵押贷款,其效应则等同于中央银行认购政府债券,这也将增加流通中的货币供应量,导致出现通货膨胀。在认债主体为个人的情形下,从静态的角度看,这种认债方式只是购买力的转移,没有相应地扩大社会总需求,不会导致通货膨胀;但从动态的视角看,政府以发行债券的方式来弥补财政赤字,加重了国家财政的债务负担。国家债务规模的不断扩大及其利息支出的不断增加,将进一步加大财政风险,使其陷入"债务—赤字"的陷阱,同时财政投资也会对私人投资的产生"挤出"效应,导致经济增长乏力,这又会减少财政收入,使财政赤字的削减难度增加。一旦政府出现债务危机,则势必通过债务货币化的方式解决债务问题,造成通货膨胀。②

第二节 货币政策调控权的失范

货币有别于其他商品,是整个经济正常运转的"润滑油"。竞争市场经济可以自发产生出货币,但自由竞争不足以保障货币的效率,纯粹的市场调节无法防止货币供给的过快扩展和收缩,这导致银行业出现周期,即出现金融危机。19世纪最小政府论者只要求政府确定充当货币的基准商品,以及政府负有义务以固定价格买进或出售该基准商品,货币还是主要依靠市场的竞争力量予以供给和调节。20世纪凯恩斯

---

① 许梦博.关于财政赤字研究存在的问题及对策分析[J].财经研究,2002,28(3):28.
② 周潮.财政赤字.货币供应与金融稳定:基于中国的经验证据[J].上海金融,2009(2):14.

主义认为,政府应当在货币事务上充任更积极的角色。该理论认为,政府必须用政策工具影响总需求,因此政府应当被允许使用货币投放作为工具。在经济萧条时期,政府可以将货币政策作为促进总需求的有效手段,通过政府的直接开支或者通过分配货币来刺激经济。凯恩斯主义的货币政策忽视了货币作为公共性经济基准的重要作用,使货币被手段化。

一、货币作为公共性经济基准的功能弱化

市场也被看作是自愿交易的制度。弗里德曼将个人之间的自愿合作称为市场上的技术。为能作为自愿交换的领域而运行,市场需要一个制度框架与基本标准来界定产权和规定自愿同意的构成条件。布坎南指出,市场是个人间订立的自愿交换过程的制度体现。伯尔姆也曾指出,私法社会和市场经济是孪生姊妹,因为市场就是经济关系的聚合,而这来自于在私法社会中个体所享有的选择自由。

双边的市场交换是互利合作范式的体现,它特别包含这样的安排,个体组成的群体通过共同遵守规则实现互利。这种规则给人们的未来选择自由施加了特定的约束条件,如人们同意的如何保护他们产权的规则。经济交往为了便于计算与交易,需要统一作为社会一般等价物的基本的公共经济符号。商品与市场交易要得以大规模地进行,必须要有基本统一的、可以援引的予以计算与比较的经济符号。这些基本经济符号至少包含货币和标准两大类。[①] 货币作为市场的规则之一,使不同的群体共同为他们的未来选择施加了约束条件。

（一）货币作为市场的公共基准

货币作为经济、社会的润滑剂,在经济交往中发挥着价值尺度的功能。货币是社会财富的衡量标准,同时又是支付与流通手段,是市场主体实现其利益的价值工具。货币的流通状况与价值稳定与否,直接影响每一主体的切身利益,由此而言,货币是一种公共财产。通畅的货币运行与稳定的币值能够给人们提供重大的利益,甚至可以说是个人、企

---

① 单飞跃.公共经济法:经济法的本质解释——兼与李曙光《经济法词义解释与理论研究的重心》一文商榷[J].政法论坛,2006(3):24-25.

业、国家经济利益的保证。①

汪丁丁认为，基于个体所拥有知识水平的有限性，可以这样断言：人们之所以需要货币，归根结底其主要原因是货币可以用来应付未来交易的不确定性。每一个体对自己未来要进行的交易，有各自的主观预期与判断。这些预期与判断针对的是奈特意义上的不确定性，而不是风险，因此是不可计算的。货币降低了交易的不确定性，因为如果缺少货币的引导，未来的任何交易（生活）都只能基于相遇的交易者间的偶然需求，即要满足交易双方的双重需求，于是成交的概率大大降低。②

各种商品和劳务都以货币标示其价格，以表明其稀缺程度，通过价格的高低货币引导市场对资源进行配置。在一个有"交换"但还不完全是"等价交换"的经济体中，货币在千千万万种价格指引下一定程度上代表着福利改善的机会。在一个能被视为"等价交换"的经济中，货币通过价格指示出的市场信息是任何个人或机构所无法完全掌握和控制的，这决定了经济中货币的不可缺少。在一个货币化程度很高的经济中，货币对资源的这种指引与配置作用能通过经济的开放而影响其他社会的经济。一般而言，参与"等价交换"的市场主体的规模越大，货币所能发挥的资源配置和引导价值就越大。所以货币的价值既依赖于又影响哈耶克意义上的"人类合作的扩展秩序"能够达到的范围。③

在德国弗莱堡学派的奥尔多自由主义看来，自由社会与市场竞争必须以宪法规定的方式予以保障，即通过宪法确定其基本游戏规则。在欧肯的学说中，"秩序"（ordnung）属于基础概念。秩序在此是指有一定规则的制度安排。"经济的秩序"（ordnung der Wirtschaft），亦即"奥尔多秩序"（ordo），是"合乎人和事物的本质的秩序。它是一种其中存在着度和均衡的秩序"。对于欧肯，"奥尔多秩序"也是"有运行能力的、合乎人的尊严的、持久的秩序"，是一种有用的，公平的秩序。它也是一种规范性的秩序，值得人们去争取。"奥尔多秩序"是竞争秩序，这

---

① 赵何敏. 论货币形式的发展与货币管理的革命[J]. 经济评论，2004(4)：99.
② 汪丁丁. 货币问题［EB/OL］. http://wangdingding. blog. caixin. com/archives/14612.
③ 汪丁丁. 货币的价值[EB/OL]. http://www. cenet. org. cn/article. asp? articleid＝19437.

一秩序来保障实现经济绩效和维护人类尊严的存在条件。① 根据其观点,市场经济的建构原则包括以下内容,一个有运作能力的价格体系、货币稳定、开放的市场(进入和退出的自由)、私人产权、契约自由、承担财产责任、经济政策的稳定性,其中货币占据了重要的地位。②

(二)现行货币政策对货币公共基准功能的弱化

弗莱堡学派认为,自由经济秩序原则的制度化是对其进行宪法保障,这确立了经济主体行动的框架性条件,从而要优先于以纠正市场失灵、改变市场竞争结果为目的的"调节原则"。竞争秩序的建立一方面依靠自发演进与市场选择,另一方面也需要国家通过秩序政策进行型塑("竞争是一场由国家主持的演出")。③

欧肯区分了经济秩序与经济过程,经济秩序是指经济活动的法律制度框架,经济过程则指市场主体的日常交易过程。在欧肯看来,政府应避免直接干预市场过程,但政府必须通过政治法律制度,确保市场经济"构成原则"的实现,以建立起经济秩序。④

秩序政策,作为"为经济运行过程所创造与保持的,长期有效的,有关秩序框架、行为规则和职权的经济法律和措施手段",则要高于"那些针对经济运行本身所采取的、并能影响价格—数量关系变化的各种国家干预调节手段",即过程政策。这意味着,保证竞争,特别是创造与维护一个有运作能力的价格体系,是市场经济的核心,所有其他一切经济政策措施都不应当削弱价格引导下竞争的普遍作用,都要"服从市场";做不到这一点,任何经济政策都将失败。⑤

过程政策是指在既定的或很少变化的秩序框架与国民经济结构下,所有那些针对经济运行过程本身所实行的,并能影响价格与数量关系变化的各种国家干预调控措施与手段的总和,过程政策包括货币政策、收入政策与财政政策等。秩序政策与过程政策相较,秩序政策的地位优先于过程政策。过程政策要奉行与市场一致的原则,为秩序政策

---

① 冯兴元.论奥尔多秩序与秩序政策——从秩序年鉴谈起[J].德国研究,2001,16(4):37-40.
② 史世伟.欧洲经济一体化与欧盟经济宪法.欧洲研究[J],2007(1):3.
③ 史世伟.欧洲经济一体化与欧盟经济宪法.欧洲研究[J],2007(1):3.
④ 冯兴元.论奥尔多秩序与秩序政策——从秩序年鉴谈起[J].德国研究,2001,16(4):37-40.
⑤ 史世伟.欧洲经济一体化与欧盟经济宪法[J].欧洲研究,2007(1):3.

服务。过程政策是一种低层次上的政府干预,目的在于纠正扭曲的竞争,重新为竞争铺平道路。①

而布坎南看来,经济制度是一种基本制度,这种秩序本身并没有体现出独立与确定的目标,也没有变现为具体的功能。该秩序最准确地应被理解为一套规则或约束条件,在这些规则之下,个人和由个人组成的组织之间相互作用,促使个人的最初目标得以实现。产出或结果(配置、分配、利用和增长率)的格局严格依赖于约束私人与公共选择的规则。人们可能会认为某种产出格局不如在另一种规则之下的产生格局更为可取。在这种情况下,人们有可能就规则变革或宪法改革达成一致。在宪法民主制下,个人对现存规则的比较评价问题,理想的情况是,只有在全体一致同意的情况下才能对整体性结构进行根本的变化。② 稳定的货币作为经济制度重要的组成部分,也应当受到严格制度的保障而不能被轻易变动。

在凯恩斯货币思想的基础上,国家货币主义认为,货币是国家的产物③,任何形态的货币(如纸币)只要能够被国家税务部门接受且其发行数量与债务负担间的比例关系稳定,货币就可以按照面值流通,由此货币价值能够保持稳定。换言之,国家货币主义看来,法币的效力不仅仅来自于法律的规定,法币为国家税务部门接受是因其价值的保障。货币由于为国家所创造,也可以为国家作为工具所使用。国家货币主义颠倒了其之前关于货币价值的观点,认为税收制度给国家货币或者国家接受的私人货币赋予了价值,这样公众才会愿意持有货币,且以货币的形式贮藏财富。国家货币主义预设了国家对人们需求与市场交往完全的宰制,政府支出的同时创造了货币,政府能够通过税收创造货币的价值与货币的需求。此理论在逻辑上可以推导出,拥有主权货币的政府能够运用财政和货币政策配置足够的资源以提供公共利益。根据凯恩斯的观点,政府不用担心资金来源是否充足,而应该关心真实资源

① 冯兴元. 论奥尔多秩序与秩序政策——从秩序年鉴谈起[J]. 德国研究,2001,16(4):37-40.

② 詹姆斯·M. 布坎南. 宪法秩序的经济学与伦理学[J]. 朱泱,毕洪海,李广乾,译. 北京:商务印书馆,2008:102.

③ Lerner A P. Money as a Creature of the State[J]. The American Economic Review,1947,37(2):312-317.

是否被充分、合理的利用,以促进充分就业。但是,凯恩斯自己所强调的"货币政策是适用于危机时期或萧条时期的前提条件"被有意无意地忽视或遗忘。由此现代货币经济学中不少观点认为,真正的通货膨胀只有实现充分就业后才会发生,所以只有在所有的真实资源被充分利用后,政府过多的支出才会导致真正的通货膨胀。他们通常过分地关注经济的结果,认为实现充分就业应该是各国政府拯救经济的主要目标,由此合理的货币政策是扩大政府支出、贷计银行准备金账户,以保障银行体系充足的流动性,刺激投资和消费,而对于货币作为公共经济基准的重要价值和货币作为市场秩序组成部分的无目的性避而不谈。因此,这些观点迎合了现代社会中政府的不断膨胀扩大。为保证经济快速增长,政府不断扩大赤字,通过经济增长目标的实现政府谋求其支持,当然代价是不能维持预算平衡,货币的公共经济基准功能被抛弃,货币政策主要用来弥补赤字与刺激经济。

然而,货币经济的稳定性除了与生产活动相联系之外,还需要某种内在的稳定装置或者平衡机制。[①] 现行货币政策下,纸钞以及作为准纸钞的证券票据实际上处于自我担保的循环论证状态,许多价值实际上产生于价值符号与价值符号的乱伦关系,金融机制在很大程度上无非是"寅吃卯粮"——不断把未来编织到现在之中,或者"拆西墙补东墙",不断把他国价值吸收进本国之中。因此,维护人民对未来的信心(期盼的结构)以及维护中国对外资的吸引力(赢利的机会)具有非常关键性的意义。在这里,作为担保物而存在的其实并不是,至少主要不是土地资源以及企业的资产价值和社会信用,而是国家政权的强制力以及来自跨国公司和外国厂商的源源不断的投资以及创汇收入。[②] 但是,从终极意义上而言,货币的价值与保障来自于其在市场交往中的公共基准作用的稳定发挥,离开这一准则,其他的货币使用与维护手段都是暂时性的。

---

① 季卫东. 宪政新论:全球化时代的法与社会变迁(第二版)[J]. 北京:北京大学出版社,2005:503.

② 季卫东. 宪政新论:全球化时代的法与社会变迁(第二版)[J]. 北京:北京大学出版社,2005:505.

二、货币政策支配下货币手段化

根据凯恩斯主义的观点,政府可以使用货币政策与财政政策稳定国内经济,当总需求不足时由政府预算赤字拉动需求、刺激经济,当总需求过剩时政府就收紧流动性、创造预算盈余。凯恩斯主义的货币政策与财政政策需要仁慈的威权政府,民主选举政治下政府为了选票乐意创造赤字,不愿意逆选民需求而减少开支和增加税收。因此,凯恩斯主义在民主政治下会偏好于预算赤字,进而导致使用货币政策来弥补赤字。

(一) 凯恩斯主义的错误预设

凯恩斯主义兴起后,广为流传的一种观点是政府可以将货币作为手段调节经济。政府可以通过扩大纸币发行增加信贷,信贷扩张后货币的价格——利率就会下降,从而生产者可以借贷到更多的货币以扩大化再生产,由此促进经济的增长。凯恩斯主义在第二次世界大战后的经济恢复中发挥过重要作用,但这样的货币扩张政策有特定的适用范围,即凯恩斯自己指出的是萧条经济学中的政策[1]。

作为理性经济人,投资者的投资是为获得利润,如果没有合理的回报他们也不会投资。真实的投资回报是由实际收益率所表示,而非关注名义收益率。政府使用扩张性货币政策刺激经济,使货币发行量增多,那么人们会预期到货币的购买力将下降,投资人会相应提高投资的回报率以抵消通货膨胀的影响,由此实际利率并没有有多少变化。当然如果投资者预期的价格上涨幅度小于实际的价格上涨水平,投资者贷款利率就会低于应有的水平,生产者会因此获得更多的资金用于扩大化再生产。利率的下降虽然增加了投资生产的资金量,但特定时间内实际生产资源的数量是有限的,扩大化再生产受到生产资源实际规模的限制。因此,短时间内客观上可用生产资源的有限数量使得经济并不会因货币政策的刺激作用而发生较大的变化。长期来看,扩张性货币政策的使用与利率的人为操纵又会丧失其出于人们预期的效果,人们会形成较为准确的通胀预期,利率会因货币量的增加回归到高位,

---

[1] 夏明. 抑制通货膨胀的战略选择——兼评凯恩斯的通货膨胀的危害性[J]. 福建论坛 (人文社会科学版),2010(5):162-165.

投资将会减少。人为地调控货币政策并不能真正使经济持续与平稳增长，扩张性货币政策下短时间的经济繁荣可能会带来长期的经济滞涨。

客观上存在的市场失灵被凯恩斯主义用于正当化政府对货币的干预、调控。但市场失灵并不能证明政府的干预就自然正当，必须要对政府是否能恰当履行货币调控职能进行分析论证。如果对政府的运行过程没有详细了解、审慎剖析，市场失灵并不能当然为赋予政府货币政策的调控权力提供合理理由。太多当代经济学家、政治学家忽略了此问题，在讨论货币制度问题时，他们默示地几乎不加反思地接受了幼稚的乌托邦式的政府是"仁慈的专制者"的观点①。之所以如此，是经济学家已经习惯于将自己置于为政府的经济政策改革而献计献策的地位，并设想决策者能完全排除种种人性的动机或冲动的干扰，接受、施行这些建议。经济学家完全无视政治的运行机理，其建议往往最终带来与最初设想完全相反的结果。

早在 1896 年，瑞典经济学家维克赛尔就警醒同行提防在经济政策中将政府视为"仁慈专制者"的错误预设②。由于政策决策者和其他人一样会犯错误，所以建设性改革的重心应该是完善作出决策所遵照的规则和制度，而仁慈专制者的预设会分散注意力。如果政府被设想为总是为善，那么预算、税收和货币的宪法约束就可以不再需要。

对潜在的垄断者进行约束一般有两种形式：第一种是潜在或实际的竞争者的进入可能，这代表了对潜在垄断者的一种约束，只要政府没有对行业进入实行壁垒限制，这种约束条件会一直存在；第二种约束条件是政府对潜在垄断者的规制。如果潜在的进入并不能有效约束潜在垄断者且该行业存在进入壁垒时，规制可以用来缓和垄断的掠夺程度。政府为公共利益而干预商业事务的历史，如对油料、运输、教育和卫生等部门的规制，是第二种约束条件的丰富例证。市场失灵的一种表现形式就是自然垄断，政府应是对垄断的规制力量而不能自身形成新的垄断。凯恩斯主义不仅将市场失灵用于正当化政府在货币事务中的角色，而且还以其支持政府垄断的货币政策权力。货币政策权力不受规

---

① Brennan G，Buchanan J M. Monopoly in Money and Inflation：The Case for a Constitution to Discipline Government[R]. London：Institute of Economic Affairs，1981.

② Hansjürgens B. The Influence of Knut Wicksell on Richard Musgrave and James Buchanan[J]. Public Choice，2000，103(1)：95-116.

则制约事实上是不正常的,更奇怪的是经济学者对此极少批判,为何货币会出现这样特殊情景? 最可能的原因是仁慈专制者的预设迷惑了经济学者,如果经济学者认为政府会为善,那他就会拒绝对政府的行为进行任何有执行力的约束。然而,即使是仁慈的政治家,也会将税收作为促进公共福利的工具而最大化,增加税收的政策会受到偏爱,通货膨胀也会成为增加政府收入的难以拒绝的来源,扩张性货币政策也就成为当然的选择。普通商品的垄断使该商品的消费者福利受到垄断者的剥夺,与之相比较,垄断性的货币政策权力影响到所有市场主体,扩张性的货币政策使货币成为刺激经济、追求 GDP 特定增长速度的手段。政府将货币政策作为手段直接影响了市场交往中货币作为公共基准的作用,市场在价格引导下进行资源配置的功能被弱化,市场主体自己的偏好和在此基础上的预期与判断受制于政府的宏观经济决定,一定程度上,政府的动机与意图取代了市场主体的动机与意图,货币政策的手段化,导致个体的去目的化与工具化。

(二)我国货币政策调控权的缺陷

我国货币政策调控权主要由中国人民银行行使,但中国人民银行货币权力的行使在很大程度上受到政府支配,并且中国人民银行作为中央银行也没有相应责任机制对其进行约束。

1. 货币政策由国务院最终决定

《中国人民银行法》第二条规定,中国人民银行在国务院领导下,制定和实施货币政策,对金融业实施监督管理。第五条规定,中国人民银行就年度货币供应量、利率、汇率和国务院规定的其他重要事项作出决定,报国务院批准后执行。人民银行法的这些规定表明,我国央行在法律上隶属于中央政府,中央银行并不具有独立的货币政策调控权力,更深层次上中国人民银行地位的不独立,导致国有企业、国有商业银行、财政部门等多个利益集团向政府进行游说,而现有制度没有对政府货币权力的明确规范,货币政策往往成为各集团或团体利益博弈的结果。货币政策的决定权的不独立与不受规范,降低了货币政策的效果和中央银行对其货币政策目标的保障力度。

2. 货币委员会的构成不当

根据《中国人民银行法》和《中国人民银行货币政策委员会条例》(以下简称《条例》)的规定,货币政策委员会是中国人民银行制定和实施货币政策的咨询议事机构,对货币政策的制定和实施有一定的影响力。货币政策委员会是保证中央银行货币政策效力的重要制度安排,它发挥着保障货币政策透明度和责任性的作用①。国外货币政策委员会的委员大多数由中央银行工作人员和一些独立的学者组成。德意志联邦银行董事会由联邦银行行长、副行长与其他董事以及各州中央银行行长组成。英格兰银行货币政策委员会由中央银行行长、2 名副行长、2 名银行界人士和一些银行界外的知名人士组成,没有政府代表参加。日本银行政策委员会由委员 9 人组成,其中包括日本银行行长 1 人、副行长 2 人和审议委员 6 人,审议委员来自工商界、金融或学术领域,一旦其成为审议委员,即是日本银行的专职人员,不再与其他机构有关系。政策委员会主席一般由日本行长担任。《中国人民银行法》第十一条规定,中国人民银行设立货币政策委员会。货币政策委员会的职责、组成和工作程序由国务院规定,报全国人民代表大会常务委员会备案。1997 年 8 月组建的货币政策委员会其成员包括中国人民银行行长及两名副行长、两名商业银行行长、国家外汇管理局局长、中国证券监督管理委员会主席,以及政府综合经济管理部门(计委、经贸委、财政部)和学术界的代表等,以后又增加了保险监督委员会主席和国家统计局局长。我国货币政策委员会的组成以及其职责在一定程度上说明了人民银行只具有相对的独立性。《条例》规定中国人民银行货币委员会成员组成中必须要有国有独资商业银行行长二人,这些金融机构的管理者进入货币政策委员会,为金融机构替各自利益游说央行大开方便之门,导致中央银行相对于金融机构的独立性受到损害。② 中央银行的货币稳定和金融稳定职能均受制于商业银行等金融机构,中央银行相对于微观金融机构的独立性受到损害,同时金融机构具有隐藏信息和游说央行的激励。在这种情况下,作为中央银行金融稳定性的基础货币投放缺乏安全性,央行对再贷款也缺乏监督激励。

3. 货币政策用来为政府债务融资

根据《中国人民银行法》修订后的规定,人民银行对财政赤字进行

103

---

① 何运信.中国能进一步提高央行独立性以改善货币政策可信度吗?［J］.广东金融学院学报,2011(2):15-18.

② 黄少安,何坤.产权,金融稳定政策与中央银行独立性［J］.财经问题研究,2007(6):3-9.

直接的公开融资已经被禁止,此后人民银行账面上财政融资的规模也越来越小,但由于人民银行不能独立决定货币政策,隐蔽的财政赤字和政府债务仍然通过人民银行进行融资,中央银行货币政策调控主要服务于政府的财政目的。

包括我国在内的发展中国家政府,由于财政收入的有限与税收收入较少等原因,通常将应当由公共财政负担的建设项目委托给国有银行,由银行贷款来提供项目建设资金。这些项目主要是提供公共产品与公共服务,其建设的款项应该由政府财政进行负担,若转而由国有商业银行来承担建设费用会制造隐形的财政赤字。提供公共产品项目需要资金量大、建设周期长,外部性强,其收回成本与获取收益的时间很长。由于公共服务项目的这一特征,政府避免财政支出而通过银行贷款来建设,很容易导致部分银行产生坏账。隐形的财政赤字与可能的银行坏账,最终会迫使中央银行解决,再加之中央银行对于政府的附属性地位,导致货币政策调控完全成为政府另一条开支手段。[①]

中央银行通过间接注资或直接再贷款方式对金融机构进行流动性救助,使中央银行与金融机构间形成产权关系,导致中央银行地位不独立于微观金融机构,这也对货币政策的制定和执行、其金融稳定职能的实施产生很大的负面影响。[②] 因此,应减轻中央银行担负的财政化任务和对改革成本的分担,对国有商业银行的注资与再资本化等任务应当是国家财政承担的职责,改革带来的再贷款等成本不应由中央银行承担。

第三节 货币制度失范的危害

政府天然的通货膨胀偏好在现有模糊和混乱的制度框架下不能得到有效制约,同时货币政策手段化和缺乏问责性,这些都导致通货膨胀得不到有效抑制并造成其他严重危害。

---

① 黄少安,何坤.产权,金融稳定政策与中央银行独立性[J].财经问题研究,2007(6):3-9.

② 黄少安,何坤.产权,金融稳定政策与中央银行独立性[J].财经问题研究,2007(6):3-9.

一、公共债务剧增

财政立宪作为对个人自由的保护和对政府权力的制约机制,建立于商品货币或可承兑纸币的基础上。在财政立宪下,政府的收入受到公共预算与税收法定主义的约束,政府的钱袋子掌握在选民及其代表手中。而 1971 年后,货币脱离与贵金属的兑换关系,进入到不可兑换纸币时代,货币发行权力不再受到之前贵金属客观数量与价值的约束和限制。只要开动印钞机,不需要花费多少成本就能获得任何数量的货币与铸币税收入。在信用货币制度下,政府如果掌握了货币发行的权力,它就可以通过印制纸币获得收入,脱离通过巨大努力确立起的财政立宪对其的规范,由此政府不再受到节约开支、严格遵守预算的硬约束。政府对货币发行权力的掌控,还能够使其通过不新征税或减税来讨好选民,而政府的开支可以通过通胀买单的赤字支持,这导致的最显著的后果就是公共债务的极速增长。

信用货币制度下政府的货币发行权力呈现出通货膨胀的倾向。政府掌握货币发行普遍导致通货膨胀,宽松的流动性与上涨的物价导致人们的借贷更为常见。个人借贷者的借贷规模受到他所拥有的资产和预期收入的限制,他无力偿还大于此范围的贷款。通货膨胀下,借贷人的货币收入增加,以此作为担保他可以借到更多的贷款,因此通货膨胀可以使私人负债得到增长。但不管通胀有多严重,私人负债能力还是受到借贷人所有资产与收入能力的限制。[1] 与个体和私人企业相比较,政府借贷的能力也取决于它所拥有的资产和收入能力。政府的收入在现代财政和税收立宪制度下,被明确的财政预算和税收法规所限制。但如果一旦政府掌握货币发行权力且不受约束,政府便可以通过通胀获得无限的货币收入。政府筹集资金而发行的巨额债券,可以远远超出国库和预期财政收入。在中央银行不具有独立地位的情况下,政府会影响货币发行权力的行使,通过大量发行货币支持政府债券的发行。

政府债务的增长并不与货币增长保持一致,政府发行的债券数量

---

① 约尔格·吉多·许尔斯曼.货币生产的伦理[M].董子云,译.杭州:浙江大学出版社,2011.

快于货币供应量的增长。美国从 1971 年至今,货币供应量增长到原来的 6 倍,与此同时,美国政府的公共债务上限已经累计提高 2.1 万亿美元,达到约 16.4 万亿,2010 年达到占 GDP 的 93.4%,美元联邦债务增长到原来的 20 倍[①]。2010 年年底中国政府债务大约为 28 万亿人民币,约为 GDP 的 71%[②]。

二、加剧政府膨胀

货币本身就是经济秩序的重要组成部分,作为公共经济基准货币能够给所有交易主体带来收益。当货币发行权力与货币政策调控权力不受约束时,货币不但失去了为市场带来正效应的作用,而且成为了货币权力掌控者自利的有力手段。政府使用不受约束的货币权力扩大其收入,通常的方法是通过货币发行实行通货膨胀。货币发行可以让政府收取铸币税,同时减少公债的数量,通过通货,政府作为货币发行者获取收益而其他货币使用者蒙受了损失。纸币使政府的货币发行不再受到市场货币需求与贵金属存量的有效约束,纸币最初也不是通过人们的自愿接受而进入流通领域的。在所有已知的情形中,纸币都是由于强迫和强制,有的时候甚至是在枪口的威胁下,才得以流通[③]。纸币是现代国家强制力的表现形态之一,同时又极大地促进了国家强制力的扩展和渗透。

民族国家兴起、政府权力集中的过程,其经济动力就来源于政府运用货币权力获取的收入与资源。纸币的发行以及通货膨胀成为政府不断壮大和膨胀的工具,以此中央政府能够征用比财政能力大得多的资金,保障其权力和规章制度的贯彻。在美国南北战争中,正是绿背的发行使得联邦政府赢得了战争。

通货膨胀还推动了政府的膨胀和扩张。它使政府的规模不断扩大,使政府逐渐垄断了各种资源。现代的民族国家具有了庞大的动员能力,真正成为霍布斯意义上的利维坦。庞大的政府占用了太多资源,

---

① 美国联邦政府债务超 15 万亿美元创历史新高[EB/OL]. 新华网,2011 年 11 月 18 日.

② 中国政府债务占 GDP 七成[EB/OL]. 京华时报,http://epaper. jinghua. cn/html/2011-07/12/content_678955. htm.

③ 弗里德曼. 货币的祸害:货币史片段[M]. 安佳,译. 北京:商务印书馆,2006.

这有碍于市场功能的发挥。对于市场、社会中间组织以及市民社会,政府太强大,力量对比悬殊过大。通货膨胀加速的政府权力过大使得市场主体和普通市民越来越原子化,市民越来越依赖于政府。

三、导致企业经营趋劣竞争

货币权力的不受约束,导致货币作为经济秩序的作用无法发挥。在货币发行亲通货膨胀化与货币政策手段化下,货币陷入让人们对其丧失预期和信任的失序状态。现行货币制度下货币权力呈现道德风险和不负责任体制化的特性。货币超发与货币政策的手段化,使通货膨胀和扩展性货币政策被作为一项有意使用与追求的手段,给正常的交易秩序和商业环境制造了人为的干扰。为分散与减少货币权力失范带来的风险,现代金融业顺势而兴。货币权力失范迫使人们寻求金融业的帮助减少风险,现行货币制度的缺陷极大地推动了现代金融业的发展。金融业的逐利性利用人们在现行货币制度下的安全感缺乏与预期无力,不可能要求改变现行货币权力状况。而实际情况是,金融业与掌控不受约束权力的政府相互配合,金融业利用失范的货币制度获利同时为现行货币权力结构提供合理理由,政府将金融业作为新的经济增长点给予制度与政策的优惠。现代货币制度下,金融业主导的虚拟经济逐渐超过并控制实体经济,企业的经营须接受资本市场上对回报率的要求。为谋求企业股票价格的上涨与利润的增加企业经营在不受约束的货币超发与手段化货币政策下,逐渐形成较为畸形的、特殊的、制度化的趋劣竞争。

货币超发与通货膨胀下,资本市场汇聚了流动性,力量越来越强大。在资本市场的支配下,企业越来越多地通过借贷经营,而非自筹资金来提供运营资本。在企业的股份化与社会化趋势下,企业经营管理者也不得不选择负债经营。部分准备金制银行能够以极低的成本增发银行信贷,以满足企业为项目融资的借贷。货币超发下泛滥的流动性下,企业可以上马币值稳定条件下不会开工的项目,只要能拉动公司股票价格的上涨,企业高管通常并不真正关心实际生产状况。失范的货币权力与不稳定的货币制度下,企业高管倾向于在任期内创造以股价标示的市场业绩,而致力于企业的长远发展的任何规划都显得风险太高,短期行为似乎成为首选。一方面,纸币和通胀发挥着促进投资的作用,由于纸币的发行成本极低,政府和银行可以以较低的利率出借任意多的资金,企业很难拒绝条件如此优惠的贷款,这关系到企业间的竞争优势。① 另一方面,多发纸币下的通货膨胀使企业经营依赖于银行信贷,这导致了货币发行与货币政策权力更大的影响;同时货币超发与货币政策的手段化,使扩张后的企业难以维持长期规划,容易获得的资金与缺乏稳定预期的货币制度,这一定程度上刺激企业经营者施行轻率投机行为。

四、强迫个体消费

在信用货币不受约束的发行权力下,不仅政府和企业可以获得货币超发带来的廉价信贷,而且个人也能更容易地获得贷款。多发纸币使利率降低、借贷成本下降,向银行借款进行负债消费更为容易,宽松的流动性同时使得消费增加、物价水平上涨。货币权力的失范导致通胀盛行,人们对纸币的价值失去信心,人们持有的现金会因通胀不断而减少购买力。这种情况下存储现金成为得不偿失的事,理性的投资策略就是借贷购买通胀时的价格会上升的资产,因此会出现刚刚参加工作的年轻人就按揭买房的现象。

货币权力的通货膨胀倾向对存蓄者不利,虽然通货膨胀没有使他们负债,但以储蓄方式持有的现金的购买力在逐渐降低。为了保障持有资金的购买力,人们必须消费或投资。因此,不受约束的货币发行与不规则的货币政策迫使人们消费而不是储蓄。个人的消费借贷和投资资金,使得金融机构与资本市场的作用越来越重要。不规范的货币制度加剧了人们对货币的运作,金融机构和金融市场从业者作为货币的职业操作者受益于现行货币制度。通胀使货币购买力下降,物价水平不断上涨,对个体而言,借贷成为不是最坏的选择,而借贷和债务的增加真正受益的是金融机构和企业。

在基本制度中,财政和税收立宪给政府的开支划定了明确的范围,以此范围为界,个体享有自己的财产和金融自由。但政府借助于不受约束的货币权力,越过财政和税收的界限侵蚀了个体的财产和金融自

---

① 约尔格·吉多·许尔斯曼.货币生产的伦理[J].董子云,译.杭州:浙江大学出版社,2011.

由,并且使人们在财务上无比地依赖于它。掌握货币权力的政府和为数不多的金融机构与企业的意志支配了人们的财产和资金。

现代政府和金融企业控制着货币和信贷,成为最有权势者,市场的发展走向被其牵制,个体的预期遭扭曲、选择受到干扰,这进一步威胁到市场平等和经济民主。纸币、通胀和信贷扩张的合理性主要来自于它们能发挥所谓的刺激经济发展的功能,通过不断制造新的问题来解决之前的问题,失范的货币权力下的金融发展是创新能力的错误使用与引导。这种观点认为,金属货币下钱币被囤积起来不能充分发挥流通职能,而使商业因为资金短缺而不能快速发展,相反纸币和通货膨胀就能提供足够的信贷而解决这些问题。[①] 但纸币超发与通货膨胀作为手段逐渐取代了目的;货币权力虽不能创造任何资源,但却是分配资源的有力手段,深刻影响与改变了人们的行为。资金需要获得最快最多的回报,不再根据人们需求的商品和服务的生产来流动,而是流向回报最高的地方,不是人们的需求引导货币而是货币指挥人们的行为,货币权力的失范加剧了这一问题。

109

---

① 约尔格・吉多・许尔斯曼.货币生产的伦理[M].董子云,译.杭州:浙江大学出版社,2011.

第六章 货币基本制度的构建

在货币权力失范的状况下,个体的货币权利缺乏有效保障,频频受到货币权力的侵害,对个体货币权利的有效保障是要制约和规范货币权力。货币具有先于国家的自然正当,货币权利属于宪法性的基本权利,而且在实践中对货币权利侵害最为严重的是政府的货币权力。因此,对货币权利的保障需要以宪法约束政府的货币权力。货币基本制度的构建是对货币权力失范状况的修正。

第一节 货币需要基本制度的保障

一、权力与基本制度

"法律是作为主体间合理关系的表征而来到人间的,它给人类带来的基本好处就是以人的秩序取代弱肉强食的非人的秩序"①。秩序可以说是人类一切活动的前提条件,又是人类社会活动的基本目标与理想的构成要素。博登海默则将"秩序(order)"界定为"在自然进程和社会进程中都存在着某种程度的一致性、连续性和确定性"的状况,而"无序(disorder)则表明存在着断裂(或非连续性)和无规则性的现象,亦即缺乏智识所及的模式——这表现为从一个事态到另一个事态的不可预测的突变情形"②。法律秩序作为法治所确认和保障的社会秩序,是法律制订所追求的价值目标和法律实施后的表现状态与实际效果,是法治社会应有的一种有序状态。

---

① 周永坤.法理学:全球视野[M].北京:法律出版社,2010:210.
② E·博登海默.法理学:法律哲学与法律方法[M].邓正来,译.北京:中国政法大学出版社,2004:219-220.

　　法律要达成秩序、维护权利，就需对权力进行有效规范。基本权利的保障，一般由基本制度对权力进行约束来实现。德意志联邦共和国基本法第二条第一款规定，人人有自由发展个性权，但不得损害他人的权利和触犯基本制度或道德规范。埃尔金认为，宪法之所以能受到人们的推崇，是因为它一直致力于关注以政府权力的行使促进社会福利的这种功利主义和民主，并且同时关注如何减少政府权力行使可能造成的专制问题①，换言之，人们对宪法的需求与信赖，源于宪法在促进社会进步与民主化的进程中同时保障自由所发挥的无可替代的重大作用。

　　基本权利的有效保障是人们对社会所需的"一致性、连续性和确定性"通过制宪进行确认，确立一种宪法上的应然秩序，然后通过各种宪法调整手段，由宪法上的应然秩序所落实成的实然规则。宏观层次上宪政体制的有效运行，微观状态中公民基本权利的实际享有，这两方面共同构成了一个国家的基本制度。其中，公民基本权利对国家权力具有本源性，公民基本权利的保障是基本制度有效运行的基础和前提。秩序就是产生于个体在利用自己的知识追求各自的目标时，服从同样的普遍游戏规则②。基本制度包含两个层面的含义：一是人们基于对社会规律的一定认识，为协调国家与公民间关系而通过制定宪法而形成的一种宪法上的秩序，它是理性追求的目标，是应然的基本权利清单；二是宪政实践中现实的宪法关系被各种宪法手段调节而形成的规范权力的基本制度，即实然的基本制度③。这种观点类似于哈耶克的理论。哈耶克在阐述的"自生自发秩序"理论时，认为法律秩序在两个层次上运作：第一层次是确认和执行宪法性约束；第二层次是在第一层次所确定的规则范围内具体实施权力。在 Hayek 看来，这就是法（Law）与立法（Legistation）间的区别，即高级法与普通集体行动中产生的立法的区别。布坎南将此区分为宪法约束和后宪法或宪法内的行为。当参与者选择一系列确定其各自权利和义务的约束和可执行的制度后，霍布斯的无政府状态便可以被克服。只要确立起任一种约束条件，集体行动就可在该条件允许的范围内发展，但大量的分析和讨论都

111

---

　　①　E S Corwin. 美国宪法的"高级法"背景[M]. 强世功，译. 北京：三联书店，1996：31.

　　②　弗里德里希·冯·哈耶克. 经济、科学与政治：哈耶克论文演讲集[M]. 冯克利，译. 南京：江苏人民出版社，2003：300.

　　③　陈晓枫，易顶强. 论宪法秩序形成的文化内涵[J]. 太平洋学报，2009（5）：34.

关注约束条件内的可能行为,而没有考察基本规则的约束条件本身。

二、货币基本制度的必要性

宪法的本质是确立一套具有最高效力的根本规则,规范政府的权力,建立起国家与社会的基本制度,进而保障个体的自由与平等。"一切有权力的人都容易滥用权力,这是万古不易的一条经验"①。基本制度作为一种效力最高的社会规范,就是以规则界分和消解权力与权利的冲突。许多西方法学家,如凯尔森、庞德等人,将法律秩序等同为法律,在此意义上,基本制度要求有显性的宪法文本或隐形的宪法规则或惯例。宪法离不开价值判断,宪法规范必须以权力规范为核心并且体现立宪主义的精神②。宪法是国家的最高法律,规范国家权力和公民权利间的关系,其效力不同于普通法,而是具有至上性③,宪法以其最高效力在国家和社会中形成一种一致性、连续性和确定性,即具有可预测性的秩序,也就是形成哈耶克所说的人们能够形成正确预期的状态。同时,基本制度作为一种规范,在宪法性规定之外,还需要落实为一定的实在状态,以实现宪法规范的目的。

基本制度的确立,为个体的自主选择、财产权利和人们之间形成可信的契约关系提供了保障,这进而为市场经济的正常运行创造了前提条件④。在基本制度下的经济秩序是一个有运作能力的和合乎人类尊严的秩序,具体体现为两个层面的含义:第一层面是这一秩序是在法律面前人人平等的秩序,是没有特权的秩序;第二层面是这一秩序作为市场竞争秩序,是一种符合其范围内所有成员的、可达成一致同意的立宪意义的宪法经济⑤。

稳定的货币作为社会必要条件的自然法则的内在要求与构成要素,是社会与市场正常运行的网络和连接点。基本制度要求货币在现在或将来能被预期为是稳定的,从而能够作为经济交往的参数起到资

---

① 孟德斯鸠. 论法的精神(上册)[M]. 张雁深,译. 北京:商务印书馆,2004:184.
② 林来梵. 从宪法规范到规范宪法:规范宪法学的一种前言[M]. 北京:法律出版社,2001.
③ 王世杰,钱瑞升. 比较宪法[M]. 北京:商务印书馆,2010:4-6.
④ 刘茂林. 宪法秩序作为中国宪法学范畴的证成及意义[J]. 中国法学,2009(4):58.
⑤ 维克托尔·凡贝格. 秩序政策的规范基础秩序自由主义:德国秩序政策论集[M]. 董靖,等,译. 北京:中国社会科学出版社,2002:33.

源配置与生产引导的作用,为此,币值必须超越经济参与者的选择集,以及作预算决策的政治家的选择集,使得货币不为人们的经济选择和政治行为所操控。更为理想的是,以一定的方法分割货币价值与市场上提供的劳务和商品的价值的联系,防止政治通过影响这些劳务或商品的价值而间接影响货币的价值。货币的宪法化要求单位货币的价值作为经济交往的一种规则,市场交往得以在币值稳定的规则下展开,而不能像通常所做的那样将货币的价值作为规则内博弈策略的筹码。用Hayek 的话说,币值必须是高级法的一部分,与在其之内进行的日常立法相对应。如果要使货币不被放任于无政府状态或交由政治操纵,要在 Fiat 制度下确定、规范货币数量,就必须建立明确的程序和制度,并以真正的宪法权威,超越民主多数政治的影响。类似最高法院下的独立司法,独立于政治的货币机关也是必需的,但其自身也应受宪法规则约束。①

货币的基本制度因此可以界定为通过确立货币的宪法性地位,以宪法和法律规范货币发行权力与货币政策调控权力,使政府和中央银行货币权力的行使遵循宪法和法律,从而形成一致性、连续性和确定性、可预测性的货币制度。

货币基本制度作为基本制度其中之一,是基于人们对货币自身规律的认识,通过制定宪法规范调整货币权力主体的行为,而形成的稳定的可预期一致的货币制度。从应然的货币基本制度到实际存在的秩序,即实然的货币基本制度,需要明确的宪法性货币规范和具体的施行方法以及关键的切入点以促进基本制度的实现。货币的基本制度是通过宪法规范确认和保护货币制度,是宪法规范指导、约束货币权力主体行为之后所形成的和谐、有序的社会关系状态。货币的基本制度要求现实宪法与货币宪法理念协调与和谐,要求宪法规范和制度本身的科学、合理与完备,包括宪法规范、宪法行为、宪法保障机制这三大基本制度的构成要素。宪法的保障制度,包括宪法解释制度、违宪审查制度、违宪责任制度②,以及宪法诉讼制度的建立和健全,对这一方面的内容

113

① Buchanan J M. The Constitutionalization of Money[J]. Cato Journal,2010,30(2):251-258.

② 朱福惠. 宪法至上——法治之本[M]. 北京:法律出版社,2000:53.

本文不展开考察,而主要论述前两项,即货币权力行为与货币宪法规范。

第二节　建立货币的宪法规范

货币作为自然法三个准则的内在基础,为保障竞争,特别是创造一个有运作能力的价格体系,充当了市场经济的核心,并经由宪法为具体游戏规则确定制度框架。货币作为经济运行过程创造和保持的长期有效的秩序框架、行为规则①,是高一级的秩序范畴。购进保护货币价值的基本制度、有效约束政府货币权力,第一步是在宪法中对货币与币值稳定作出明确规定。

一、货币宪法规范的根本性

货币作为经济交往的规则之一,在该规则下市场交易得以展开。货币并不是单纯的技术性工具,它是人们基于对安全、效率与幸福的追求认可与接受货币并对其达成一致同意形成社会契约。"货币的使用就是这样流行起来的,这是一种人们可以保存而不至于损坏的能耐久的东西,他们基于相互同意,用它来交换真正有用但易于败坏的生活必需品"②,货币由人们一致同意而具有普遍流通性。货币不是刻意发明的产物,而是通过人们的约定或习俗这种方式而成为人们公认的价值尺度和交换工具的③。"货币的起源完全是自然发生的,它不是国家的发明,也不是立法行为的产物。"④货币作为自发秩序,要求人们涉及货币的行为应当处于特定的规范状态,即人们的行动和交往应当表现出来常规性和划一性(uniformity)。⑤

同时,稳定的货币作为社会与市场正常运行的网络和连接点,是社会必要条件的自然法则的内在要求与构成要素。小型的不开化的社会可以没有政府而运行,但是如果不遵循有关"财物占有的稳定""根据同

---

① 冯兴元. 论奥尔多秩序与秩序政策——从秩序年鉴起[J]. 德国研究,2001(4):39.
② 洛克. 政府论(下篇)[M]. 瞿菊农,叶启芳,译. 北京:商务印书馆,1982:47.
③ 休谟. 人性论[M]. 石碧球,译. 北京:中国社会科学出版社,2009:441.
④ 门格尔. 国民经济学原理[M]. 刘絜敖,译. 上海:上海人民出版社,2001:294.
⑤ 哈耶克. 自由秩序原理(下册)[M]. 邓正来,译. 北京:三联书店,1997:62.

意转让财物"以及"允诺的践履"这三项基本的法则,任何一种社会也无法维持。① 而该三项法则必须要有稳定的货币予以支撑,因此,这三项基本的法则与稳定的货币乃是先于政府而存在的;整个法律系统只不过是对这些基本自然法与前提条件的详尽阐释而已。价值稳定的货币作为自然法则的基础,具有生成具体法律制度的元规则地位。货币的价值不能作为规则内博弈策略的筹码,用 Hayek 的话说,币值必须是高级法的一部分,区别于元规则之下进行的日常交往。

　　布坎南认为,货币价值不能放任于无政府状态或交由政治操纵,必须建立明确的程序和制度,以真正的宪法权威,超越民主多数政治的影响,确定 Fiat 制度下的货币数量。类似独立司法下的最高法院,独立于政府的货币机关也是必需的,但其自身也要受宪法规制约束。② 货币作为秩序的象征,货币宪法化中最重要也是最困难的一步是形成公众的普遍认可:货币的单位价值是并且被预期为是稳定的,从而可以作为经济交往的参数起到预测作用。③ 币值必须超越经济参与者的选择集以及作预算决策的政治家的选择集。货币价值必须与市场上提供的劳务和商品的价值区分开来,以免这些劳务或商品的价值受政府权力的影响而影响货币。在宪法中明确规定作为个体基本权利的币值稳定,不仅是调整个体与政府间的货币关系所必需,而且是以一致同意的制度选择克服个体理性的内在盲目性。

（一）调节个体与政府间的货币关系需要宪法规范

　　货币在实物货币制度下,本身就是财产。信用货币制度下的纸币则具有分配财产的功能,即使在低通胀经济状况下货币也发挥着温和的分配作用。当然,货币在非通胀经济中也具有创造收益的作用,这是因为作为交易媒介,货币使得人们能够达成更为广阔的交易关系。布坎南认为,与实物经济相比较,货币提供的交易服务使人们获得收益,货币的价值是平等条件下人们换取政府的纸币而愿意放弃的实体资

---

①　大卫・休谟. 人性论[M]. 关文运,译. 北京:商务印书馆,1980:306.

②　Buchanan J M. The Constitutionalization of Money[J]. Cato Journal,2010,30(2):251-258.

③　Buchanan J M. Predictability:The Criterion of Monetary Constitutions[M]. In L. B. Yeager(Ed.), in Search of a Monetary Constitution. Cambridge:Harvard University Press,1962:170.

源。然而在政府垄断货币发行权力和货币政策调控权力的情形下,政府往往以该垄断权力强制人们接受纸币,为了增加政府收入的目的,攫取货币提供交易服务而具有的价值,操纵通胀下货币的财富分配功能,政府有激励如此行为而且在权力不受约束的情形必然会如此行为。

掌握不受约束的货币权力,政府就是真正的利维坦,政府与个体间过于悬殊的力量对比,没有制度进行规范,则难以形成稳定均衡的状况。政府运用货币权力,可以根据个人经济活动的成本选择最优通胀率创造最大化收入,它只需要考虑两个因素:一是个人持有的债券和其他非货币资产所能获取的收益;二是以货币形式持有的资产因为通胀减少的价值量。政府通过持续增加货币量减少货币价值的可能性,成为人们对政府不信任的主要原因。通过发行足够多的货币,政府能获取大量的实物资源,而人们用这些商品与服务所交换的货币却不断贬值。由于担心政府通过货币超发掠夺人们货币账户的本金价值,人们会减少以货币形式持有的财富数量。在充分的理性预期下,个人和政府会陷入"信任僵局"①。

信任僵局下,一方面市场主体充分了解货币经济优越于实物经济的地方,货币为人们节约了交易成本但有被政府的掠夺的风险;另一方面政府想通过垄断的货币权力而利用货币的收入功能,但没有人愿意持有货币,此功能也无法发挥。此局面出现的根本原因是,政府在不受约束的货币权力下,将货币作为增加自身收入的手段,扭曲了其作为市场秩序构成要素的元规则属性。货币产生于人们的相互同意,货币通过人们的一致同意而具有普遍流通性,它不是刻意发明的产物,而是以人们的约定或习俗的方式成为人们公认的价值尺度和交换工具。在社会契约论的视角下,现代国家也建基于人们的一致同意上的。霍布斯在论述国家的产生时,使用的就是社会契约论方法,但有些学者批评社会契约论是非现实的理论设想,不是客观实在的事实描述,与现实距离太远,更多为学者诟病的是,社会契约论似乎被霍布斯用于合理化其极权的利维坦政府。赋予货币的元规则地位和国家合理性的社会契约,似乎也导致了国家货币权力对货币地位的改变,社会契约方法似乎无

---

① 布坎南·瓦格纳.赤字中的民主:凯恩斯勋爵的政治遗产[M].刘廷安,罗光,译.北京:北京经济学院出版社,1988:108.

法解决个体与政府在货币问题上的信任僵局。

对社会契约论更明智的解读,是认识到社会契约论不是历史描述性或辩护性的,相反社会契约论的重要性在于其明确或默示地指出,主权的权威性来源于这样的理性逻辑基础——人们遵守主权命令的同时,主权的相应职责是保障其承诺的安全并且接受社会契约明确规定的约束。安全与秩序可以视为政府提供的福利经济学术语中的公共产品,所有契约参与者都能从中获益,公共产品是以普遍性而非特殊性为特征,不会使人们因为他人受益而自己受损。经济秩序就是秩序中的一种,而货币是经济秩序的重要构成要素。社会契约被广泛应用于为法治提供积极的正当化理由,但学者很少将社会契约应用于货币的论述。为什么社会契约论忽略货币?这是因为在关于主权与安全的讨论中,学者的重心几乎完全集中于人身安全和以实物形态而非价值维度界定的财产,人们对作为商品制货币基准的黄金近乎普遍地接受,而黄金本身也可天然地归入实物财产之中。[1] 因此,可以这样说,在商品货币制度下,社会契约论对财产的关注就当然地包括了货币。

社会契约中包含着对货币的一致同意,人们将货币让渡给主权并由其控制,以此建立了政治化的货币制度,同时要求国家保障包括货币的安全与秩序。在商品货币制度下,政府对货币的供给只具有有效的权力,市场主体还能够生产货币,货币的实物价值成为其价值基础维持着货币的稳定。商品货币向不可兑换纸币的转化是货币形态最剧烈的变化,纸币的生产成本非常低廉,同时政府垄断了货币供应的权力及其派生的货币政策调控权力。但不可兑换纸币还是经济秩序的构成要素,其流通仍然需要人们的普遍认可与接受。国家汇集了所有个体的授权与同意,与市场交易者相比较,国家具有更高的信用。因此,纸币生产供应的权力集于国家,是人们希望使用最有信用的货币,一致同意授权国家掌握此权力。信用货币制度下,币值稳定和可预测关系到安全与秩序,货币仍然适用社会契约论方法。

社会契约论下,政治、经济与法律秩序领域中的权力,在两个层次,即高级法与普通集体行动立法的层次上运作。布坎南将这两个层次区

117

---

① Buchanan J M. The Constitutionalization of Money[J]. Cato Journal, 2010,30(2): 256.

分为宪法约束和后宪法或宪法内的行为规则。当社会契约参与者选择一系列确定政府与个体各自权利和义务的约束规则与可执行的制度后,无政府状态和政府权力滥用的情况便可以被克服。^① 在布坎南看来,政府与个体间的货币关系,只要确立起基本的约束条件,具体的货币行为规则就可以在该条件允许的范围内发展出来。

根据方法论个人主义的观点,自由的本质是不同主体间的自愿同意,此观念是社会协作的基本模式。社会事务的合法性来源于参与的个体间的自愿同意,这是自由的基本规范。同时,政治宪法层面的合法性比次宪法层面的市场选择中由个体自愿同意达成的规则更为重要。这两个层次中契约参与者的自愿性的检验标准是不同的。在私人自治层次和宪法选择层次,参与者的自愿同意的形式表现出较大差异。在私人自治领域,人们的自愿同意表现为法治,此层次的自愿性能够通过司法审判程序彰显出来。在宪法层次,自愿订约要予以证实就困难得多。宪法层次的社会契约通常被认为是理论预设,但这不能动摇这样的基准——自愿同意仍然是宪法选择层次的合法性原则,无论该选择是自生自发过程的产物还是有意识的立法过程的结果。宪法层次的自愿性虽然难以实证检验,但越接近一致同意的契约其合法性越强,越需要一致同意的规则越具有根本性。

自愿同意除作为判断权利规则合法性的标准外,还可以判定市民法社会和国家间的分界线划定是否准确。社会事务的合法性,包括私法规则自身的合法性,只能源自参与个体的自愿同意。^② 不仅私法社会的权利框架由个体决定,而且在先的决定私法社会游戏规则的宪法也是个体来决策。自愿同意赋予私法社会中的社会交往和企业制度合法化,同时也是私法社会基本框架本身的合法性的终极来源。什么是私法社会的正确规则,如何正确地在市民社会和国家间划定界线,这些问题都不能通过诉诸外在关于或无关于所涉个体的偏好的标准而回答和解决。只有通过个体的自愿同意,以契约论方法解决宪法选择的问

---

① 布坎南·塔洛克. 同意的计算——立宪民主的逻辑基础[M]. 陈光金,译. 北京:中国社会科学出版社,2000:90-104.

② Vanberg V V. Markets and Regulation: On the Contrast between Free-Market Liberalism and Constitutional Liberalism[J]. Constitutional Political Economy, 1999, 10. (3):233-236.

题。个体以自愿选择订立明示或默示的政治宪法契约,在群体内构建起自我管理的政治共同体,通过政治共同体人们组织起明确的和可执行的"游戏规则"。但几乎所有的分析和讨论都关注政府在约束条件内的可能行为,而没有考察基本规则的约束条件本身,由此,社会契约似乎非但不能解决政府与个体关于货币的信用僵局问题,反而导致了该问题的出现。

在社会契约下,政府与个人间的货币关系能否合理调整,关键在于确立被忽视的基本约束条件,即凝结一致同意的货币作为经济秩序构成要素的元规则地位。各国中央银行法一般都规定央行具有货币发行与实行货币政策调控的权力,而该权力直接影响到有个体的财产和基本经济秩序,确立货币的宪法地位,就是要求政府或中央银行的货币权力不能任意侵犯货币关联的财产权利与经济秩序。明确货币的宪法地位,就是通过宪法的最高权威规范政府或央行货币权力在现行制度下不受约束的情形。在那么这种基础约束条件能够达成吗?由于个体具有各种特定的自身利益,加上其家庭、教育和社会阶层背景千差万别,具有冲突利益的个体间能产生普遍适用的规范吗?

政府较之于分散的个人强大得多,政府似乎能够代替个体作出更为明智和正确的判断,这也正是不少论者所主张的观点。由此,政府能够自行调整其货币权力的行使,没有必要探讨分立的个体通过何种方法能够形成一致的观点与意见。但方法论个人主义认为,如果拒绝承认评价可欲的社会秩序、基本制度的最终标准是外在的伦理准则,如自然法或神圣的信仰,那么此标准必须来自个体自身,必须以个体作为唯一的有意义有评判能力的存在充任对制度的最终判定标准。布坎南和塔洛克对政治的正当性或合法性的含蓄的契约主义应用体现在交换的政治概念上[①]。该观点认为,如同平常的市场交换,互利共赢的预期是个体参与集体政治行动的根本原因;也如同日常的市场交换,参与者的自愿同意是为了互利共赢。只有宪法层次上相关事务的自愿同意,才能为集体政治行动中必需的强制因素提供合法性。哈耶克一再强调,在人们组织政治体和精心构建他们生活其中的游戏规则很早以前,为

①　布坎南·图洛克. 同意的计算——立宪民主的逻辑基础[M]. 陈光金,译. 北京:中国社会科学出版社,2000:90-104.

政府行政行为和授权立法奠定基础的规则就已经开始发展演进了。而且,在没有政府机构的情况下,共同体也能存续。当然,自然生发的规则,也与有意选择的规则一样面临同样的问题,即它们的合法性来源于何处。方法论个人主义认为,个体间宪法事务的最终合法性根源必然来源于他们对共同遵从的规则的明示或默示的自愿同意。在不确定之幕下,如果个体的关系其利益的身份被去除或隐匿,人们不知道自己将所处的地位,不知道特定的法律制度如何影响其利益,他就会以普遍标准而不是个人利益来评价制度,会倾向于选择能满足公平标准的制度和规则类型。① 由此,如果一个制度能为所有人同意就经受住了合法性检验。

不受制约的垄断权力会导致社会福利净损失,在罗尔斯的"无知之幕"后,或者在布坎南与图洛克的"不确定之幕"下,由于个人地位的不确定与个人利益影响的极端不确定,人人有可能遭受净损失。对普通商品的垄断如此,对货币权力的垄断更容易使每一个人遭到剥夺,因此人们不会自愿就垄断达成社会契约②。在人人参与并且个人地位是不确定或不可预期的真正的宪法计算下,人们不会同意政府对货币不受约束的垄断。人们就现行货币权力的不可接受达成一致后,确立货币的宪法地位就是规范政府和央行货币权力的有效方法。

120

(二)克服个体理性的内在盲目性

现代民主制度下,政府与个人间的关系作进一步推演,在终极意义上不再有统治者与被统治者的绝对区别。当个人追寻自己的目的并有可能违反公共利益或者有意地利用集体行动剥削后代时,冲突就内在化了,矛盾内在于每个个体的双重角色中——个体既是集体决策的参与者,又有私人决策者。利维坦被分裂的自我取代,不能和解与协调。③ 货币制度上,个体在决策中选择的不同时间水平,决定了他们公共和私人选择。作为对个人自由的更为精巧的威胁,各种可能的邪恶或罪恶根源,都能在个体自身中找到。货币相关的一系列陷阱——高

---

① 布坎南,图洛克. 同意的计算:立宪民主的逻辑基础[M]. 陈光金,译. 北京:中国社会科学出版社,2000:90-104.

② 冯兴元. 规则的逻辑与意蕴——《宪政经济学》评介[J]. 管理世界,2004(2):152.

③ D'Amico D. Buchanan on Monetary Constitutions[J]. Constitutional Political Economy, 2007, 18(4):301-318.

税收、通胀、公债陷阱——根源便在于现代政治决策制度与体制所揭示的"社会贴现率"与个体的自利行为中的时间偏好率间的差异①。与正统的成本收益分析的通常假设相反，前者实际高于后者，这表明集体决策中未来自己或未来代际效用的分量轻于其在私人消费和投资中的重要性。人们会通过集体行为追寻短期收益，而将可持续的基本制度搁置一旁。布坎南认为，集体决策中个体时间轴的变短，根本原因在于个人主义在政府创造的公共利益和集体成果中强调可确认的个体权利或份额，以此推动了政府偏好于短期收益。②

Kydland 和 Prescott 指出，最优政策沦为次优很难归责于决策者的短视，而在于没有机制引导未来的决策者考虑他们的决策对当前决策的影响③。布坎南阐释了相似的两难局面，他发现，只有当政治决策者能够确信下一届政府不会为短期利益选择通货膨胀时，才会致力于长期抑制通胀④。要摆脱个体内在矛盾性的困境，必须要人们有足够的信心实行长远的规划，而不是急于短期利益最大化。总之，关键的是人们要对未来有稳定的预期，不会为减少未来可能受到的损失而调整当前行为、放弃更优的行为与制度，导致当前与未来总的福利水平并没有得以改善甚至下降。制度能够为人们长远预期提供保证，尤其是效力高、不能被轻易变动的基本制度。确立货币的宪法地位、构建宪法性规则，以最高效力的宪法约束政府的货币权力，从而扭转决策者便宜行事的历史记录，使稳定的货币制度能为人们所信任，是保障个体发挥长远预期作用的重要方式。

现行货币权力与对其的宪法约束都面临多数原则问题的挑战。个人理性，通过多数原则，决定着现行货币权力和对其的规范约束。克服个人理性的盲目性，需要对多数原则进行审视与检讨。在《同意的计算》中，布坎南和图洛克认为，在作为自由人集合的自由社会中，多数原

---

① 布坎南. 规则的理由[M]. //布坎南,布伦南. 宪政经济学,冯克利,等,译. 北京:中国社会科学出版社,2004:95.

② D'Amico D. Buchanan on Monetary Constitutions [J]. Constitutional Political Economy, 2007,18(4):301-318.

③ Kydland F E, Prescott E C. Rules Rather Than Discretion: The Inconsistency of Optimal Plans[J]. The Journal of Political Economy, 1977,85(3):475.

④ 布坎南. 规则的理由[M]. //布坎南,布伦南. 宪政经济学. 冯克利,等,译. 北京:中国社会科学出版社,2004:105.

则不能被视为有先在合法性或能自己赋予合法性的决策原则,而必须被视为这样一种规则,其合法性完全来自于这样的事实——集体成员明确或默示自愿同意按照多数原则来决策他们的共同事务。在此意义上,现行货币权力作为民主制度中多数规则的决定,并不当然具有合法性,而需要从更为基本的规范性原则间接获得合法性。这个更基本的规范性原则是:在自由人联合中,参与者的自愿同意是合法性的最终来源。

在现行民主制度下,宪法约定一般根据严格多数制决定。罗尔斯认为,社会合作条款应当由参与其中的自由平等的市民制定和同意。为了能合法化运用权力,契约必须在恰当的条件下订立,必须排除任何暴力和强制的威胁以及欺诈与哄骗,需要构建起政治商讨的公共论坛,以使任何主张能应用公共理性予以讨论①。根据罗尔斯的正义论,订立有效契约的程序性问题应当与自由平等个体所同意的实体性内容进行系统性区别。罗尔斯认为,社会—宪法契约的合法性不是根据其内容来判断的,而是根据订约各方遵守的程序性标准来评判。当契约在恰当公平的条件下订立,那么正当契约的具体内容就由该程序来决定,而不论契约的具体内容是什么。根据罗尔斯的观点,对于货币,关键的是要以正当程序规范货币权力,该正当程序具有先在性,不为多数原则和代际间的修改。

哈耶克对无约束的民主进行一贯的批判,他认为,对多数原则所具有的权力缺乏有效约束不仅违反自由主义理念而且违背根本的民主理念。哈贝马斯看来,人民主权论将人们的意志统一体现为普遍和抽象的法则,为了在具体的行动中排除非普遍性的利益,必须适用保障所有人平等与自由的规则②。不为市民社会所有成员的共同利益服务,不受约束的民主必定成为为特殊利益服务的工具。哈耶克认为,如果民主政府真正执行人们同意的事务,就很少有可以反对的。在他看来,真正的问题是,多数原则形成的意志与共同意志在现实中没有多少重合之处。同时,他认为,多数原则形成的意志,完全由现存制度创造,现行

---

① 约翰·罗尔斯. 正义论[M]. 何怀宏,何包钢,廖申白,译. 北京:中国社会科学出版社,1988.
② 哈贝马斯. 在事实与规范之间:关于法律和民主法治国的商谈理论[M]. 童世骏,译. 北京:三联书店,2003:631.

制度创造了这样的境况,即悉心为所有人谋求公共利益的政治家也必须满足多数人的特殊利益。由此,哈耶克要求,多数原则的权力必须受到普遍规则的约束①。现行货币权力也是由多数原则所形成,同样需要接受普遍规范的约束。

　　哈耶克认为,防止政府和立法者运用权力分配特权,不仅是保障个体自由的根本手段,而且应该是政府为共同利益使用权力的先决条件。他认为,取消政府和立法者分配特权的权力并不能排除所有对个人自由的威胁,对此,一个重要的预防措施是规则必须适用于制定规则和实施规则的人,没有人有权力批准例外,即使平等适用于所有人的普遍规则会严重限制自由。② 哈耶克看来,民主政府名义上是无所不能的,但因为不受约束的权力会变得极度虚弱;它会为了获取多数人的支持,而成为不得不满足的各种分立利益的玩物。奥尔多自由主义奠基者欧肯和伯尔姆也有相似论证,他们认为,外表强大的干预主义国家实际上是弱小的政府,是利益集团手中的玩物。政府正是为了获取大多数的支持,不断用预算赤字扩大公共产品的提供和刺激经济促进就业。而预算赤字往往通过发行货币弥补,导致财政赤字货币化③。同时,垄断性的货币权力强化政府的其他权力,促使政府得以不断扩张。货币权力的规范和制约,成为政府与个体间保持利益均衡的重心。货币权力的基本制度就是通过具体制度排除政府为政治利益而操纵货币的可能性,使政府权力对货币的威胁最小化。货币基本制度的建立和完善是财政宪法、发挥应有功能所不可缺少的前提条件。货币具有保障财政宪法和税收立宪的重要职能,也是维持国家与个人、政府与市场合理界限的关键要素。在财政立宪的建立过程中,财产权发挥了宪政生成的核心作用,同时规范性的货币权力是财政立宪的应有之义。货币权力基本制度的构建,既规范了政府的货币权力,保障个体的消极自由,使其免于政府的强制,同时又保障人们对货币的合理预期以指导其理性

---

　　① 弗里德利希·冯·哈耶克.法律、立法与自由(第二、三卷)[M].邓正来,张守东,李静冰,译.北京:中国大百科全书出版社,2000:449.

　　② Vanberg V V. Markets and Regulation: On the Contrast between Free-Market Liberalism and Constitutional Liberalism[J]. Constitutional Political Economy, 1999, 10. (3):233-236.

　　③ 洪源,罗宏斌.财政赤字的通货膨胀风险——理论诠释与中国的实证分析[J].财经研究,2007(4):85-86.

选择。

二、价值稳定宪法保障的实践

确立货币的宪法地位的观念也体现在美国建国者的思想之中,美国宪法明确规定国会具有"铸造货币,管理其价值"的货币权力。有趣的是,宪法赋予议会货币权力的同一条规定中也赋予了其确定度量衡的标准的权力,这显出币值也被排除政治操纵范围之外,类似其他标准是不受争议的。

当然,美国在宪法中就货币的明确规定,并不能保证美国货币制度发展的风平浪静。美国宪法制定后,货币形态发生了重要变化,尤其是美国内战中绿背的出现,成为美国货币发展的重要事件。[①] 内战前,美国是复本位制,但银元流通很少。当时没有联邦银行,但州立银行很多,都以黄金作为支撑发行州银行券。由于银行太多,银行券的价值很难为人们了解,也因为没有存款保险制度以及没有中央银行,导致银行券向铸币的可兑换性和州银行系统的崩溃。

内战严重破坏了美国经济,使联邦的军费开支高涨而政府的财政收入剧减。北方政府的财政危机,使它不能向其供应商和合同相对人支付,投机者囤积黄金从而出现普遍的流动性危机。在 1861 年前,北方银行不得不中断银行券向黄金的兑现。美国财长 Salmon Chase 面临的严峻问题,是如何以严重的赤字和不可承兑的通货来支持公共开支。[②] 1862 年,美国启动了解决办法的第一步,即政府发行绿背——不可承兑的纸币,并以法律规定为法币。内战结束前,联邦政府发行了 4 亿 5 千万美元的绿背,总的通货膨胀率在 1861—1866 年增加了一倍多。同时联邦政府征收了新的税种,包括关税和所得税,采取新的借贷来弥补赤字。从而,联邦财政收入在 1861—1866 年增加了 13 倍,即便如此,战争结束后,美国国债也从 6 500 万美元增长到了 27 亿美元。

为鼓励向政府贷款,新的联邦特许银行取代了旧的州特许银行。1863 年的联邦银行法规定设立联邦银行,联邦银行券的发行以政府债

---

① Carruthers B G, Babb S. The Color of Money and the Nature of Value: Greenbacks and Gold in Postbellum America[J]. American Journal of Sociology, 1996:1556-1591.

② Carruthers B G, Babb S. The Color of Money and the Nature of Value: Greenbacks and Gold in Postbellum America[J]. American Journal of Sociology, 1996:1556-1591.

券作为支持。以联邦债券为保证金,投资者能设立私人银行并发行最高联邦债券总价值的 90% 联邦银行券。联邦政府对州立银行征税,使得通过购买联邦债券向联邦政府贷款而设立联邦银行有利可图。从 1860 到 1870 年,州银行的数量从 1579 降到 261 家,而联邦银行的数量从零增加到 1 612 家。联邦银行券与绿背一样取得法币地位,用来支付公共或私人债务,除了进口税收和国债利息。新的联邦银行体系也有助于通货的标准化,尽管这不是它的主要目的。[①]

但不幸的是,联邦银行制度没有解决旧体系下的所有问题,而且增加了不少新问题。跟旧体系一样,联邦议会在国家范围内分配不均:银行和银行券主要集中在东北部,而西部和南部缺少货币。货币的缺乏使得市场交易更加困难,联邦银行体系鼓励资金的金字塔化,这使整个制度易受到金融恐慌的影响。联邦银行有储备金的要求,但可以将储备金的一部分存入另外一家银行以赚取利息。农村联邦议会将储备金存入城市联邦银行,城市联邦银行会将它们的一部分准备金存入中央准备金城市银行,后者形成金字塔的顶端。这些银行结余集中在纽约城,再被在股票市场作为短期贷款借贷出去。从而银行和股票市场间形成很强的联系。任何信用紧缩都会迅速在银行体系和证券市场间传递,没有中央银行来充当最后贷款人,没法对金融危机作出应对。[②]

在所有问题中,联邦银行体系完成了它最初出售政府债券和资助内战的目的。在想成为银行家的人之外,联邦债券还直接向公众出售,这是金融家 Jay Cooke 所倡导的。通过大型的销售团队,在报纸上做广告,并以爱国主义作为吸引力,Cooke 能售出上千万美元的债券。

内战后,美国国内是否恢复战前的金融状况的问题立即引起讨论。许多政治家和绝大多数银行家和金融家同意美国应该恢复铸币支付。但恢复的实际操作的困难是巨大的。战时的通货膨胀使绿背对黄金贬值,例如,价值 100 美元黄金的绿背在 1862 年 2 月价值 96.6 美元,到了 1864 年 7 月就降到 35.09 美元。如果绿背能被兑换为黄金,那么投机者可以在市场便宜地买来,按面值卖给国库,而赚取利润。上千万的

---

① Carruthers B G, Babb S. The Color of Money and the Nature of Value: Greenbacks and Gold in Postbellum America[J]. American Journal of Sociology, 1996:1556-1591.

② Carruthers B G, Babb S. The Color of Money and the Nature of Value: Greenbacks and Gold in Postbellum America[J]. American Journal of Sociology, 1996:1556-1591.

绿背在流通,如果政府决定这些纸币能够承兑为铸币,国库将很快用罄其所有的黄金。要恢复铸币支付,首先提高绿背的市场价值是必要的。而最直接实现此目的的方法是将绿背从流通中取出、减少它们的供给。财长 Hugh McCulloch,一个前银行家,就采取了这样的措施,但不幸的是经济开始衰退。货币短缺、利率抬高,这对负债者如农场主非常不利,因此对货币紧缩的反对迅速高涨。东部的银行家是货币收缩的强烈支持者但受到了各种制造集团,劳动者和西部民主党人的反对。结果,1868 年议会废除了 1866 年收缩法案,取消了给予财长的回收绿背的权利。Hugh McCulloch 被迫在收回价值 48 百万美元的绿背后罢手。对 Hugh McCulloch 的硬货币政策的抵制引起这样的问题:回归金本位是否是可欲的,恢复旧制度对货币政策是否是合适的目标。与此相关的问题还有如何偿还国债的问题,因为尽管法律要求其利息以铸币而不是绿背来偿付,但本金是否也用铸币偿付是不清楚的。在内战最激烈的时期,政府以绿背出售政府债券。从而,投资者能在市场上以仅仅 35.09 美元的黄金购买 100 美元的绿背,再以这些绿背购买 100 美元的政府债券,希望债券的本金和利息政府都会以黄金来偿付。[①]

尽管有处于中间地位的人,但事实上货币问题主要分为两种基本的立场。银通货(金块主义者)立场要求向金本位的回归,通过使绿背退出流通和收缩货币供给。该观点认为绿背是战争中提供资金的不幸的必需品,国债的本金和利息都用黄金来偿付。软通货(绿背派)主张通胀措施:保留绿背,使其不能兑换为铸币,排除金本位,以纸币偿付国债。许多绿背派从 Edward Kellogg 那里吸取灵感。硬通货主张者则相反,他们遵循英国经济学家的正统教条,他们在 19 世纪早期详细研究了金本位制。共和党人力图支持硬通货派,只要他们入主白宫,就会抵制软通货政策。在南方和西部的民主党人和政治家支持软货币,但民主党人内部也在货币问题上分裂了。农场主和其他农业集团严重依赖信贷,因此货币收紧后对他们伤害很大。因此,绿背派的观念在美国农场主中找到了受众,这些农场主后来支持了民粹运动。绿背主义也

---

① Carruthers B G,Babb S. The Color of Money and the Nature of Value: Greenbacks and Gold in Postbellum America[J]. American Journal of Sociology,1996:1556-1591.

受到商业贸易者,保险代理商,钢铁企业家和一部分劳工的认同。金块主义者,包括银行家,金融家,债券持有人,进口商人和所有通货膨胀受损而通货升值而获利的人。硬通货和软通货的主张者间爆发了激烈的政治斗争,从内战结束持续到1879铸币支付的恢复。就具体的制度和政策,双方都使用了一般的术语讨论。包括货币本质的讨论,事物为何具有经济价值,民主政体和市场间的关系。两者的理念都基于经济利益。历史学家都注意到货币争论中意识形态和利益间的联系。但两者的争论超越了单纯的自利。的确,谁获取所谓的经济利益是有争议的问题,因为利益不是完全自明的。1868年收缩法案的废除是绿背主义的胜利,1869年公共信用法案(该法案资助战争债务并要求国库以黄金支付本金和利息)是硬通货派的胜利。1873年的铸造法案将白银去货币化,在当时没有争议,但在民粹主义时期被批判。1874年的通胀法案被格兰特总统否决。1875年的恢复法案可以视为硬通货派的胜利,决定了1879年以前的金本位的回归。一直到民粹时代货币问题才不再被激烈讨论。①

　　货币取决于人们的期望。货币也许较其他经济制度更清晰地表现为文化建构。货币不是由钢筋水泥等实物构成的,而是一个自我实现的集体预期,它的存在取决于人们的信念。绿背支持者反对金本位,他们主张在两个层次上展开其策略,首先,他们集体倡导货币的社会建构,提出替代货币制度的可能性。其次,他们质疑货币制度能带来集体利益的假设,提出货币具有重要的分配功能。他们的对手,金块主义者,以相反的战略,重新集体化货币制度。对货币及其价值的讨论范围及其广泛,参加者不仅仅局限为专家。在内战后货币制度成为选民和政治家面临的最重大的问题,无数的精神利益和物质利益都加诸于货币之上。金块主义者和绿背主义者间最重要的分歧可能是货币与价值间的关系。金块主义者认为货币必须具有内在价值,这体现为一种典型的比喻,如同尺子必须有长度才能丈量一样,货币也必须有价值才能度量价值。Bartley宣传尺子自身有长度所以才能度量,金属货币具有内在价值而成为价值的尺度。因此,金、银优越于纸币,因为它们具有

127

---

　　①　Carruthers B G, Babb S. The Color of Money and the Nature of Value: Greenbacks and Gold in Postbellum America[J]. American Journal of Sociology, 1996:1556-1591.

价值。铸币的价值不是来自于立法或拟制的,而是内在和天然的。而金银从矿石中冶炼的事实加强了此论证。价值内在于事物的品质中,而不是主观的估量。黄金是金块主义者竭力主张的货币形态,它稳定、安全、可触摸。黄金和白银作为商品具有价值使它们适合作为货币媒介。政府在铸币上的印记只是验证了它的价值,并没有创造或赋予它价值。①

美国内战后的货币争论表明,不同的主体对货币有不同的利益主张,这些利益的调节需要有基本的制度作为规范标准,凭此,政府作为民主政体处于中立地位需要调节好各方利益。美国宪法就货币作出相关规定时,美元还处于商品货币时期。后来,美国货币向可承兑纸币、信用货币作了巨大的形态变化,美国宪法对货币的规定并没有做相应修改,而是通过一系列宪法判例和国会立法解决了货币的有关争议和细化了货币权力的行使。1913年后,美国确立了以美联储为货币权力主体货币制度,美联储具有独立于政府的地位,接受国会的约束。在美联储为主的货币制度下,美元保持了较为稳定状态。

在美国宪法就货币作出明确规定之外,有学者认为确立货币宪法地位应当规定如下内容②:对政府制造财政赤字的宪法约束;禁止政府和央行影响货币数量的宪法规定;货币数量的约束机制;货币宪法只有在适格多数即两院达2/3多数时才能修订;对货币宪法的全面修订需要全民公决才能生效;禁止有赋权政府在某些情况下改变货币宪法的紧急状态条例。还有的观点认为应该这样规定货币的宪法地位③:议会制定的法律;该法律对货币政策主要目标进行规定;将该目标具体细化的解释机制;可以改变货币目标的机制;汇率与货币政策间关系的调整;对达成货币目标的责任的清晰配置;处置责任人的具体机制。

我国宪法曾经明确规定,国家保护公民的合法的收入、储蓄、房屋

---

① Carruthers B G, Babb S. The Color of Money and the Nature of Value: Greenbacks and Gold in Postbellum America[J]. American Journal of Sociology, 1996:1556-1591.

② Bernholz P. The Implementation and Maintenance of a Monetary Constitution[J]. Cato Journal, 1986,6(3):497.

③ Robertson B. The Currency and the Constitution: Lessons From'a Rather Small Place [J]. Oxford Journal of Legal Studies, 1996,16(1):9.

和其他合法财产的所有权。储蓄作为存款货币财产权进入宪法,一定程度上表明我国宪法对货币权利的宪法地位的间接承认。2004 年我国《宪法修正案》第二十二条规定,宪法第十三条"国家保护公民的合法的收入、储蓄、房屋和其他合法财产的所有权。""国家依照法律规定保护公民的私有财产的继承权。"修改为:"公民的合法的私有财产不受侵犯。""国家依照法律规定保护公民的私有财产权和继承权。""国家为了公共利益的需要,可以依照法律规定对公民的私有财产实行征收或者征用并给予补偿。"修改后并不是否认了储蓄的财产地位,而是将其囊括进了公民合法财产的范围内。同时,《宪法》第十三条的第三款规定:国家为了公共利益的需要,可以依照法律规定对公民的私有财产实行征收或者征用并给予补偿。政府运用货币发行权与货币政策调控权,实际上对公民以货币持有的储蓄等财产产生了征收的效果,根据宪法规定,国家应当予以补偿。我国现有的财产征收补偿法律规定中并没有包括货币,而且我国暂时不会将宪法作为审判依据,因此,储蓄代表的货币无法通过司法判例获得其他财产所受的保护。此外,货币还是市场经济中重要的公共经济基准,其变动会影响整体经济状况,有必要在宪法中将货币从财产权中分离出来,单独地进行规定。

首先,规则的特质是其必须相对简单明了、能被大众理解,高度抽象的规则只能为少数经济学精英充分理解,布坎南强调必须将宪法规则——甚至是技术问题制定得为大众所理解。简单并不是由于美学的原因,也不为优雅,而是反映了布坎南的根本民主信念。确实,他一直怀疑任何精英——经济学的或其他的——这些人认为自己能比其他人自己更好地判断什么是对他们有利的,好像精英天生有高等的知识或他们的利益和价值应该在集体决策中占据更多的份额。当探讨货币规则时,仍有另外一个原因要求简朴,就是布坎南货币宪法构想的结果,主要的货币宪法规则制定者应该是公民自己而不是任何权威机关,相对简单和明确的规则有利于良好执行的要求。[①]

其次,有效的规则必须能提供清晰的标准判断它是被遵守还是被违反,政治家与公民要都能方便判别规则是否被违反。一般而言,立法

---

① D'Amico D. Buchanan on Monetary Constitutions[J]. Constitutional Political Economy, 2007,18(4):301-318.

机关、政府和官僚机构,应当受公众的约束,这非常关键。规则适用中解释产生的不确定性范围必须被限制,潜在的违反情形应不难于发现和惩治。布坎南认为商品货币制是理想的货币制度——游戏规则很大程度上是自我执行的,物价水平的稳定性是通过货币商品的生产者和交易者的逐利行为达成的,也就是通过内嵌于货币制度自身的激励和反向激励行动完成的。商品货币制下可能违反货币制度的情形主要包括:商品货币价格的突然改变,限制拥有、买卖该货币商品以及不正当地限制货币的可兑换性。① 这一点上,布坎南的观点为确立有效的规则提供了有益的参考。

最后,也是最重要的,制度规划必须反映和表达人们的价值,从而遵守规则在一定程度上视为是神圣的义务。设计一套规范货币供给的规则和制度可能被认为是纯粹的技术问题,不会引起人们的道德反应。然而,规则经常视为是对约束人们行为的道德的替代,无人能否认效率和公正这些因素极大地缓解了事后遵从的问题。进而言之,即使货币宪法的所谓契约论起源为可信的,最后仍然是人们的偏好,即他们的利益和价值确定了立宪阶段的货币契约。

在货币具备宪法地位的观念指导下,第二次世界大战后德国构建了宪法性的货币制度。德国《基本法》第 88 条规定:“联邦建立一个货币发行银行作为联邦银行。联邦银行的职责与权限可在欧盟的框架下让渡给欧洲央行,欧洲央行是独立的并有义务对保障价格稳定这一首要目标负责”,这明确了币值稳定的宪法地位,延续了一贯的货币理念。《德意志联邦银行法》第 3 条规定:“德意志联邦银行作为德意志联邦共和国的中央银行是欧洲中央银行体系的组成部分。它以维护价格稳定为首要目标来完成其任务。”②在币值稳定的基本制度地位的观念和规定下,德国马克创造了有目共睹的稳定的历史记录,为德国的经济社会发展提供了必要条件。

与德国对币值稳定的高度重视所不同,美国宪法对货币进行了规定,但并没有明确币值稳定的优先地位。在宪法之下,《联邦储备系统

---

① D'Amico D. Buchanan on Monetary Constitutions[J]. Constitutional Political Economy, 2007,18(4):301-318.

② 孙珺. 金融危机与德国金融法律制度研究[J]. 德国研究,2009(2):54.

改革法》规定美联储要达到充分就业、价格稳定和合理的长期利率三重目标①。此外,欧洲宪法——《欧共体条约》虽然规定欧洲中央银行的首要目标是维持货币稳定,从而明确了币值稳定的宪法地位,但近两年来欧元却处于危机之中。因此,宪法地位的明确是货币保持价值稳定的必要条件,但并非充分条件,还需要具体的制度落实。

第三节　中央银行独立性的宪法保障

在关于中央银行独立性的当代探讨中,大量的证据证明中央银行的独立程度与货币稳定正相关。尽管以不同的术语表达,真正与政治权威保持独立的中央银行在一定程度上就是宪法化了的。中央银行的宪法化可通过宪法修正达到,重要的是确立中央银行的宪法地位,同时将其权力限制在一定的范围内。保障币值稳定如果不是唯一也是关键的目标。中央银行(货币机关)宪法地位的必要探讨可以使货币制度的建立吸取历史教训,关注中央银行的宪法地位可以更为有效地理解货币的基础作用:这在任一市场秩序中都是必需的,同时可以更好地认识币值稳定和安全能产生的净收益。币值稳定的货币制度实际上是可以建立的。

一、中央银行独立性的作用

中央银行的独立性能对币值稳定带来明显效果,众多经济的实证分析对此予以了证明。首先,独立的中央银行可以避免政府对货币的操纵,保障适用规则化的货币政策②。变动的政策由于时滞会导致积极的反周期政策,从而发挥不了货币政策的预期作用;独立的中央银行不受政治压力干扰可以采取稳定的规则(rule)向市场保证币值的稳定,从而保证了经济政策的一致性③。大量的实证研究都支持中央银

---

① Hetzel, R. The Case for a Monetary Rule in a Constitutional Democracy[J]. Federal Reserve Bank of Richmond Economic Quarterly, 1997,83(2):54.

② Friedman M. A Monetary and Fiscal Framework for Economic Stability[J]. The American Economic Review, 1948,38(3):245-264.

③ Von Hagen J, Süppel R. Central Bank Constitutions for Federal Monetary Unions [J]. European Economic Review, 1994,38(3):774-782.

行独立性越高,通货膨胀率越低[①]。独立的中央银行对通货膨胀有明确的抑制作用,同时,货币政策需要独立的中央银行以保障其效果。

(一)独立中央银行对通胀的抑制

有研究表明,中央银行保持独立性,有效地保障币值稳定并不会影响经济增长,即中央银行保持较高的独立性,可以保证较低的通货膨胀率[②],不以牺牲成长为代价,而且,较独立的中央银行能够避免政府通过增加财政赤字以扩大预算最终依赖中央银行多发货币融资的现象。

中央银行独立性与通货膨胀率间呈反向关系。较强的中央银行独立性短期内会导致较低的通货膨胀率和经济增长率,从长期来看,中央银行独立性能促进经济较快增长。这些对中央银行独立性的研究,侧重于法定独立性与通胀业绩间关系。除此之外,还应当考察包括金融独立性,赤字货币化压力和经济增长绩效与中央银行独立性间的关系。已有的研究发现,越独立的中央银行的国家实际通胀率越低。而且,低通胀能以不导致失业或影响经济增长的代价而实现。在中央银行独立程度不同的国家,通货膨胀率间的差异与中央银行独立性程度的差异紧密关联[③]。

Haan 与 Masciandaro 详细探讨了独立中央银行的潜在益处[④],他指出,通货膨胀的危险来自于政府以通胀收取铸币税的激励,或者来自于政府为政治周期或党派利益刺激经济的需求。政府可能会为利用菲利普斯曲线的利益权衡而寻求突然通胀,以短期解除税收扭曲的影响,或减少非指数化的(政府)债券的价值。还有一个潜在问题涉及"财政不协同危险",该危机是指政府过度的开支所导致的财政赤字所引起的问题,政府最后会迫使中央银行以货币发行来解决,自治的中央银行可以预防政府轻易导致此危机。

---

① Eijffinger S, Schaling E, Hoeberichts M. Central Bank Independence: A Sensitivity Analysis[J]. European Journal of Political Economy, 1998, 14(1):73-88.

② Hayo B, Voigt S. Inflation, Central Bank Independence, and the Legal System[J]. Journal of Institutional and Theoretical Economics, 2008, 164(4):751-777.

③ Burdekin R C K, Wohar M E. Monetary Institutions, Budget Deficits and Inflation: Empirical Results for Eight Countries[J]. European Journal of Political Economy, 1990, 6(4):531-551.

④ de Haan J, Masciandaro D, Quintyn M. Does Central Bank Independence Still Matter? [J]. European Journal of Political Economy, 2008, 24(4):717-721.

（二）独立中央银行保障了货币政策的效果

独立的货币当局——中央银行来控制货币政策，是为了使货币政策免于政治操纵。中央银行的独立性可以解决时间不一致性的问题。中央银行如果预先公布了最优货币政策，但随后企图利用公众的预期而执行相机抉择的政策，公众会根据中央银行的政策变动调整预期重新选择自己的行为，致使中央银行的货币政策失效，不能有效制止通货膨胀。"时间不一致性"是指明中央银行必须遵从有约束力的规则来避免货币政策的经常变动[①]，防止"时间不一致性"而导致的政策无效性。相机抉择没有明显的效果，社会却承受了较高的通货膨胀，而规则化的货币政策能够传达稳定的政策预期消除内生通货膨胀倾向，提高货币政策的可信度（credibility）。这就需要中央银行保持较高的独立性，免受政治的波动以减少相机抉择（discretion），能够执行稳定的规则（rule）。

中央银行独立能带来较为稳定的币值水平，这使其独立具有充分性，但币值稳定的宪法目标下中央银行独立的必要性并不为有的学者认可。哈耶克就主张取消中央银行，实行自由银行制度[②]。他极力反对国家垄断货币发行，认为政府垄断货币发行只会有助于政府在市场上与公民争夺资源。哈耶克看来，禁止国家对货币的垄断、取消中央银行、准许私人发行货币、采取市场机制的货币竞争会产生最优的货币制度，由此自由企业和市场经济才会存活。弗来德曼也赞同哈耶克关于准许私人发行货币与政府的货币进行竞争的建议。

取消中央银行，实行货币的市场竞争，但在布坎南看来，等同于霍布斯意义下的无政府状态，即"货币无政府"，[③]在货币的市场竞争，由于市场的缺陷会导致部分银行和货币淘汰出局，造成极大的负面影响，如同人与人之间发生的狼与狼的战争。因此需要中央银行发行、管理货币来弥补市场的漏洞。更重要的，货币不同于普通财物，而是代表了

---

① Kydland F E, Prescott E C. Rules Rather Than Discretion: The Inconsistency of Optimal Plans[J]. The Journal of Political Economy, 1977,85(3):473-491.

② Hayek F A V. Denationalization of Money: The Argument Refined[M]. 2nd ed. London: Institute of Economic Affairs, 1990:116.

③ Buchanan J M. The Constitutionalization of Money[J]. Cato Journal, 2010,30(2): 251.

秩序,货币的价值必须超越于经济交易的市场主体和进行预算决策的政治成员的选择集,因为只有如此,支撑起经济交往的货币其稳定与可预期性才能保证。货币的价值必须与市场上交易的产品与服务的价值绝对分离,而不能来自于市场竞争。因此,银行在发行、管理货币外还必须具有不受政治干预的独立性。

二、中央银行独立性的制度保证

独立的中央银行的确立,是要构建起一种货币基本制度。货币权力是应当与立法、司法或行政权力并列的、国家的一种基本权力。货币基本制度下,有必要将基本制度与在这种制度下的日常运行的政策等区分开来。这一区分要求首先应当为立法、司法与行政当局确立其必须服从的基本宪法规则,从而使它们的具体运作在基本制度下有了一定的范围。对于中央银行,也应当通过宪法规定,确立其与立法、行政机关同等级的权力,同时在该货币基本制度中确立并限制中央银行被赋予的权力、规范中央银行的货币政策的具体行使。这种中央银行的独立形式是最极端的形式,这种形式需要通过宪法条文来建立,并需要通过宪法修正案才能够达成。

中央银行的法律地位可以作为独立性的指标,不存在允许政府推翻中央银行决策的法律规定,政府只能任命中央银行货币政策委员会部分委员,这些条件让德国、瑞士和美国的中央银行都成为自治性的[①]。奥地利也可视为拥有独立的中央银行,因为它不受政府否决权的干预,而且货币政策委员会的委员有相当一部分不是政府任命的。

在中央银行具有独立地位的国家中,政府任命多数货币政策委员会委员的中央银行(如奥地利与美国)与政府任命少数委员的中央银行(德国与瑞士)的通货膨胀情况是不一样的。后面两个国家有更低的通货膨胀率,因为政府委任权能转移一些通货膨胀倾向,即使在政府不能直接控制中央银行政策决策的情形下。此观点与近期美国政策决策过程的研究结果相当一致,该研究表明总统任命的美联储货币委员会委

---

① Epstein G. Political Economy and Comparative Central Banking[J]. Review of Radical Political Economics,1992,24(1):1-30.

员比地区银行行长组成的委员——他们是通过独立于总统和议会的选举产生的,虽然也需要美联储主席批准,更倾向于否决 FOMC 的决策而赞成宽松的政策①。FOMC 是由 7 名总裁委员会委员和 12 个地区银行的 5 名行长构成,是货币政策的核心决策机构。纽约银行行长一直参与 FOMC,其他的轮流当选其余 4 个名额,每年有 3 次投票权。

加拿大中央银行的独立性没有得到确立,其行长是被政府任命的,同时,1967 年加拿大银行法明确授权财政部长可以向中央银行发布指令。荷兰的情况比较模糊,尽管财政部长有形式上的权力发布指令,但行使否决权的情形是高度受限的,且实际上,此权力从未正式行使过,而是由委员会规划和实施货币政策。同时,德国作为荷兰主要贸易伙伴的重要性导致其关注吉尔得(荷兰通货)与德国马克间的汇率,从而减少了政府干预的范围与动机,使荷兰中央银行能寻求通货膨胀率与德国保持一致②。

技术上瑞典中央银行可以归入具有法律规定的独立性,1988 年改革法修订了之前中央银行在重大政策决策中咨询政府的实践,虽有意见不一,但是中央银行仍具有最终决策权。货币委员会包括议会成员,实践中中央银行的独立性不强。所以,瑞典中央银行只具有最低等级的独立性。

另外一个问题涉及货币政策与财政政策的相互作用如何受制度安排所影响。具有独立地位的中央银行可以抵制国债(赤字)货币化压力而减少政府扩展赤字的动机。独立中央银行与非独立中央银行,在对以货币政策应对机制保证物价稳定上具有不同的作用和效果,对政府赤字的作用也不同。中央银行的独立性发挥了对政府预算赤字显著的负面作用,德国和瑞士(独立程度最高的中央银行)拥有比其他国家不确定性更低的赤字程序和接近于零的价格变动。

根据这些关于独立中央银行作用的证据,两个在第二次世界大战

---

① Havrilesky T, Gildea J A. The Policy Preferences of Fomc Members as Revealed by Dissenting Votes: Comment[J]. Journal of Money, Credit and Banking, 1991, 23(1):130-138.

② Stolfi F. The Accountability of the European Central Bank: Sketching a Comparative Perspective[R]. In the Sixth Biennial International Conference of the European Communities Studies Association, edited by. Pittsburgh, 1999. 1-28.

后通胀记录不好的国家——意大利与新西兰进行了改革，以保障中央银行不受短期政治压力的影响。新西兰的改革确立了中央银行行长的独立任务是保证满足价格目标。[①] 意大利在 1981 年将意大利中央银行和财政部分离，中央银行从资助政府的预算赤字的法定义务中解放了出来。[②] 但意大利在中央银行和财政部分离后的经验表明，不再支持政府预算赤字的规则仅仅作为单独的政策施行，并没有多大作用。例如，这无法约束财政部通过透支和确定公债拍卖的最低价格的方式来创造货币，因而财政政策和私人行为都没有受到分离措施的重大影响并不意外。

更普遍地，禁止中央银行参与政府公债的初级市场并不能阻止中央银行支持预算赤字，而且按照美国的例子，中央银行总能从市场购买等量的债券，并发挥如同直接购买政府公债一样的作用。所以，Grilli 等人在政治和经济间作了有益的区分，他们在经济独立性的分析中给予了以前要求中央银行资助政府预算赤字的法律规定更多的关注。他们同时强调法定物价稳定目标作为促进中央银行不受政治影响的重要作用[③]。如果国家确立了法定的价格稳定目标，那么该国就视为拥有法定的独立中央银行，比如奥地利、德国、瑞士和美国，但政府能否决中央银行的货币政策时此法定目标有多大作用并不清楚。德国规定德意志中央银行的目的是保障物价稳定。对于人们来说，保障物价稳定的必要信念和预期的唯一办法是中央银行完全的独立，以保障长期的零比率的通货膨胀。在中央银行以物价稳定目的的国家中，荷兰的通货膨胀记录良好，它有相对自治的中央银行，而澳大利亚和加拿大在 1960 年后的通货膨胀记录很差。

中央银行独立性存在还需要物价稳定目的的执行方面的法律规定。新西兰的改革（1989 年《新西兰储备银行法案》）非常明确地确定了 1993 前的零通货膨胀目标，并规定此目标如果没有达到，那么中央

① Fischer S. Central-Bank Independence Revisited [J]. The American Economic Review, 1995,85(2):201-206.

② Spinelli F, Masciandaro D. Towards Monetary Constitutionalism in Italy [J]. Constitutional Political Economy, 1993, 4(2):211-222.

③ Grilli V, Masciandaro D, Tabellini G. Malinvaud E. and Pagano M. Political and Monetary Institutions and Public Financial Policies in the Industrial Countries[J]. Economic policy, 1991:342-392.

银行行长将去职①。而且,政府必须公开披露给中央银行的指令的特定通货膨胀目标和任何变动。有些国家将物价稳定作为唯一的法定政策目标,有些国家则属于多重目标之一,例如奥地利、加拿大和美国。新西兰改革能够有多成功还有待观望,根据最初的参数显示,新西兰利率虽然相对较高,但通货膨胀显著下降了。

我国《中国人民银行法》第 2 条第 2 款规定,中国人民银行在国务院领导下,制定和实施货币政策,防范和化解金融风险,维护金融稳定。中央银行独立性的设计主要是防止政府利用货币发行解决财政赤字或者操纵货币政策制造经济繁荣,因为这些做法无疑是饮鸩止渴,势必诱发通货膨胀,并且因货币使用情况不同形成利益再分配。将人民银行置于国务院领导之下的制度安排,难以体现中央银行独立性的初衷。所以,有学者建议修改本款,赋予人民银行独立于国务院的法律地位,与行政机关、司法机关并列,成为直接对全国人大负责的机构。杨松教授认为,宪法是规范国家组织机构及运行的基础,任何国家机构和权力的重新设计,包括人民银行独立性的增强,都应受到合宪性审查。我国宪法没有人民银行法律地位的直接规定,但是 2004 年修正《宪法》第85 条规定:“中华人民共和国国务院,即中央人民政府,是最高国家权力机关的执行机关,是最高国家行政机关。”第 89 条规定,国务院行使下列职权,“领导和管理经济工作和城乡建设”,表面上似乎可推断,人民银行独立于国务院的制度构想违反宪法。但是,我们认为,议行合一是我国宪法的基本组织原则,《宪法》第 2 条规定,“中华人民共和国的一切权力属于人民。人民行使国家权力的机关是全国人民代表大会和地方各级人民代表大会。人民依照法律规定,通过各种途径和形式,管理国家事务,管理经济和文化事业,管理社会事务”,建立一个直接对全国人大负责的货币权力机构,可视为人民管理经济事务的一种新途径与方式。况且,《中国人民银行法》第 6 条规定,“中国人民银行应当向全国人民代表大会常务委员会提出有关货币政策情况和金融业运行情况的工作报告”,制度设计的趋向初露端倪,否则,一个服从国务院领导的机构直接向全国人大常委汇报工作难免有越级之嫌。因此,我国宪

137

---

① Robertson B. The Currency and the Constitution: Lessons from a Rather Small Place[J]. Oxford Journal of Legal Studies, 1996, 16(1):1-29.

法为人民银行独立性进一步提升留有足够的空间。①

三、建立中央银行的问责机制

一方面,中央银行独立性有利于币值稳定,在经济上具有重要意义;另一方面,中央银行保持独立,排除政府干预货币的权力,在法律上的显著作用是堵住了政府利用中央银行征收铸币税和弥补财政赤字而不承担责任的漏洞,增加了政府的可问责性和完善了法治水平。但独立的中央银行也可能滥用权力,中央银行的监督和责任成为币值稳定目标能否实现的重大问题。中央银行没有责任机制,不受选举、去职的约束和紧密的行政或议会控制却有权决定货币数量,在弗里德曼看来,这无法让人接受。这种完全意义上独立的中央银行,很少存在,即使存在,中央银行自身也会导致一些问题。人们会质疑,让如此重要的货币权力集中在独立于直接的、有效的政府控制之外的中央银行手中,不会导致货币权力一样被滥用吗?所以必须在确立中央银行独立性的同时,以宪法性规定规范中央银行的权力,控制其货币政策。

19 世纪相对独立的中央银行普遍兴起,中央银行的首要目标是保持汇率的稳定性。中央银行需要保持本国货币——当时主要以实物货币的形式而存在——稳定的价格,这极大地规范了其权力的行使。许多国家中央银行建立的时候,处于金本位占统治地位的时期。当时,保持本国货币与其他国家货币间的均衡是各国中央银行货币政策的决定因素,这使中央银行货币权力的行使范围与方式都受到了极大限制。这种情况使中央银行在建立时,人们没有设想需要使其接受法律的控制和约束。而 1971 年后,特别是布雷顿森林体系解体后,金本位被废除,对中央银行的自然约束的那些条件消失了。

首先,中央银行的责任机制,在于透明性。② 币值稳定作为最终目标,据此可以清楚地判断中央银行是否落实此任务;当然币值稳定作为最终目标,还需要法律细化为一定范围的通胀率,但货币目标的清楚透明仍是奠定中央银行问责性的第一步。同时,中央银行有责任一定程度

---

① 杨松,闫海. 中国人民银行独立性:条文分析与规范重构[J]. 时代法学,2008(3):20-21.

② Goodhart C A E. The Constitutional Position of an Independent Central Bank[J]. Government and Opposition, 2002, 37(2):201-202.

解释其采取的具体决策的缘由,以及得出此决策的主要论据。其次,落实中央银行责任应当使其接受立法机关的质询。中央银行以当前政策恒定不变作为前提,预测未来经济发展,然后衡量如何改变政策以使预测到的将来的通货膨胀率符合法定的目标。此预测一经公布,中央银行预测的程序和预计的利率变化会被市场主体复制。如果中央银行的预测与选择的政策严重偏离私人的预测,或者其预测记录系统性地恶化,中央银行就有责任作出说明,接受立法机关的质询。最后,关于中央银行责任,如果货币目标没有达到,决策人员应当担负个人责任。

　　独立的中央银行在实践中广为采用,德国提供了良好的例证。首先,《德意志联邦银行法》第 12 条提供了中央银行独立性的法律基础,规定:"德意志联邦银行在行使本法赋予其的权限时,独立于联邦政府的指示。作为欧洲中央银行体系的组成部分,只要在履行其职责可能的情况下,德意志联邦银行支持联邦政府的一般性经济政策。"其次,通过宪法判决加强了这一地位,德国联邦宪法法院认为:"独立的中央银行比一个主权机关更能保障货币价值,从而更能在履行经济自由权利的过程中为国家的财政政策以及为私人的计划与安排确保普遍的经济基础;而一个主权机关在其行为可能性与行为方式上对货币数量与货币价值有着根本的依赖性,并且依赖于政治力量的短期突发性的许可。"①新西兰的《储备银行法》则提供了较为完备的银行问责性的模本。该法规定某时期内的物价目标由财政部长与中央银行行长共同决定;中央银行须每半年出具政策报告,该报告视为与预算报告同等重要;中央银行行长在未达到既定的目标时可能会被去职②。这些实践都是构建和完善货币基本制度的有益探索和可贵经验。

第四节　货币政策权力的规范

　　用立法控制货币权力滥用的可能性,总会面临这样的质疑——这

---

①　孙珺. 德国中央银行与欧洲中央银行独立性的法律分析及其对中国的启示[J]. 德国研究,2010(1):42-48.

②　Robertson B. The Currency and the Constitution:Lessons from a Rather Small Place[J]. Oxford Journal of Legal Studies,1996,16(1):19-20.

种方法无法束缚货币当局的手脚,因为在质疑者看来,中央银行愿意的话总是可以出于自己的意志而去做这些法律制度对其的要求。如果对每一个问题,仅仅只考虑问题本身而加以解决,那么在大部分情形中,人们很可能会作出错误的决策,因为决策仅仅涉及了一个有限的范围,而没有从整体上考虑该决策的影响。相反,如果采用了针对一系列问题具有普遍性的规章制度,这种规章制度的确立相应会对人们的态度、信念和预期产生有利影响,这些有利的影响又会强化该制度的效果。这种一般性的原则不必表现为明确的成文形式,不成文的、为惯例所承认的宪法性规定,与成文宪法规定一样具有效力。惯例性的自然形成的货币宪法性规定明显体现在商品货币时期,尤其是金本位制,金本位制有效地防止了货币权力的任意行使。

一、货币政策的规则化

在一些学者看来,通过立法以规范货币权力的合适规章制度应该是给中央银行确立维持稳定的价格水平的要求。但弗里德曼认为[①],这样的法律规定并不合适,因为中央银行事实上难以通过运用货币权力以明确、直接的方式实现该目标。货币变动与物价水平间无疑存在着密切的相关性。但这种相关性并没有达到这种程度,即货币数量变动可以直接有效地精准地实现既定的价格水平目标。弗里德曼认为,以目前的知识水平,用货币存量的变动作为规范货币权力的法规的标的更为可取。立法可以规定,要求中央银行保持货币存量的某种确定的增长率。货币存量是指通货和商业银行中的全部存款。中央银行应该保持货币存量以每年 3%～5% 的比率增长,货币量的增长最好每月或每日按比例增加,以发挥此制度的最佳效果。以立法规定货币政策须遵守的制度是独立的中央银行所不可缺少的。通过立法将货币政策规则化,能够有效地保障中央银行货币权力的合理行使。货币政策规则化是目前最优的选择,它将货币政策转变为自由社会的支柱而不是威胁。

建立一种稳定的、免于政府不负责任的操控,同时又不至于威胁经

---

① Friedman M. A Monetary and Fiscal Framework for Economic Stability[J]. The American Economic Review, 1948,38(3):245-264.

济和自由的货币权力行使的货币制度,最可能性的途径是通过立法建立起货币政策权力规则化行使的制度。这样的制度使货币政策规则化,既保障了中央银行独立行使货币政策,不受政府干预,又可以使货币政策不受中央银行的任意支配。

货币政策规则化带来的可预测性可以满足经济效率最大化的需求,促进经济增长,促进经济效率。与天气预报相类似,如果准确预测货币价值变动,可以为生产安排、资源配置提供有益指导从而降低成本、提高效率。天气预报的准确度与天气的质量好坏没有联系,与此不同,货币政策的规则化本身就代表了良好的货币制度。

货币政策规则化的具体实施中,首先,货币当局应该以本身所能控制的参数作为指导,而不能以不能控制的变量作为指导。如果货币当局以利率或者失业率作为政策的评价标准,那么将无法得到正确的货币政策。在货币当局能够控制的参数中,最能发挥货币政策效力的是汇率、价格水平及货币总数量。货币政策与物价水平间存在明确的相关性,但此相关性远远没有货币政策与货币总量的关系那么强。而且货币权力对物价水平发挥影响所需的时间要长于对货币总量产生作用的时间。同时,货币政策影响物价水平的时滞与程度,都随情况改变,这导致无法就特定的货币政策对物价水平的影响进行准确的预测,也无法预测这一影响出现的时间。所以,直接控制物价水平的货币政策,很可能由于失误而使自身成为导致经济波动的原因。因此,以货币总量作为货币政策的评判标准是目前最可取的选择,与物价水平标准相比,将货币总量作为标准可能造成的危害也小得多。其次,货币当局应当避免货币政策的大起大落。因为货币政策对经济的影响存在时滞。按照当前情况作出的货币决策,其对经济的影响要在一年半载后才能完全明晰。因此,货币当局应当公开采取这样的货币政策,即实行某一特定的货币总量稳定增长速度,而且保证此政策被一贯执行。

二、合理调整货币政策与财政政策的关系

要实现最终产品价格水平的大致稳定,要求货币总量保持一定的速度增长。与发生过的无数通货膨胀和金融危机相比,此政策可带来固定增长比率的温和通货膨胀。如果货币当局能够采取这种公开的、稳定的货币增长政策并且长期贯彻,这将带来良好的货币制度。

货币政策事实上已经被作为宏观经济调控的重要手段之一,如何协调货币政策与财政政策之间的关系,约束和限制行政当局宏观调控权对货币政策权力行使的不当干预已成为权力配置的重要内容。美国《1977年联邦储备系统改革法》规定货币政策的最终目标是有效地促进充分就业、维持物价稳定、保持长期利率的合理上升,从法律上认可了货币政策的宏观调控作用。但是,美国更早的《1935年银行法》则废除了《1913年联邦储备法》有关财政部长和货币监理局长是联邦储备委员会当然委员的规定,大大降低了中央银行对财政部门的依附性。法律可以规定货币政策以多个宏观经济目标为标准,但必须以币值稳定为前提。①

货币政策与财政政策间的合理关系可以通过完善中央银行货币政策的公告制度、保障持币人对货币政策的知情权而协调。持币人除了通过代议机关对货币政策权力进行监督之外,还应当享有对货币政策的知情权。具体货币政策的制定虽然涉及专业问题,甚至为防止市场采取对冲行动而致政策效果下降,也确有在一定时段内不公开政策细节的必要。但无论如何,持币人有权知悉货币政策制定的过程,并有权了解货币政策机构作出选择的依据和理由。在货币立法中可以具体载明,货币当局在公告年度货币政策执行报告时,须对制定和执行货币的依据予以详细说明,并公布货币政策制定中的不同意见,将货币政策制定或执行的过程置于持币人的监督之下。②

此外,由立法机构监督货币政策权力的运行状况,可以更好地处理财政对货币政策的压力,并且不影响货币政策与其他宏观经济政策的相对独立性。比如,在美国《宪法》第1条第8款中确定"铸造货币,确定国币和外币的价格,并规定度量衡的标准"的权力归于国会,而且国会还可以通过立法限定和约束中央银行的具体货币权力,对其人事任命与职责履行也享有监督和质询的权力。③

① 单飞跃,鲁勇睿. 货币政策权力的宪法性配置研究[J]. 重庆大学学报(社会科学版),2011(3):114.
② 单飞跃,鲁勇睿. 货币政策权力的宪法性配置研究[J]. 重庆大学学报(社会科学版),2011(3):113.
③ 单飞跃,鲁勇睿. 货币政策权力的宪法性配置研究[J]. 重庆大学学报(社会科学版),2011(3):114.

第七章　结　　论

　　现行货币权力受凯恩斯主义的指导,凯恩斯主义指导下的货币权力成为政府的干预措施,其民主诉求存在威胁个体自由的可能,货币基本制度的实质是对自由与民主的协调。

　　货币的基本制度与现有制度差异的根源在于两种个人主义哲学观。[①] 现行的货币权力安排是功利主义的,没有严肃地对待人和人之间的区别。自由是法律之下的自由,财产权利、货币权利都属于个体的自由范围。私人权利是从政治而来的(在政治之下的)个体自由,它的范围止于在政治开始的地方。在政治领域,个人不能独立、个体地自由选择,而是服从于集体政治选择。在布坎南看来,政治本质上是强制性的,政治组织的所有成员必须听从一个决策。政治内在的强制性本质使货币权力的中心问题变成为如何将政治领域最小化。

143

　　私法制度界定财产权、货币权利的内容与范围,但不能有效约束货币权力。应当使用什么制度规范货币权力、划分国家与个体正确界线的位置,这个问题都不能通过诉诸外在或无关所涉个体偏好的标准来回答和解决,只能通过个体的自愿同意来解决。基本制度观不否认以他人代价的获利机会的存在,也不否认自利主体因此受到的诱惑。但互利性的合作是更有益的可持续性的利益来源,因此,人们有审慎的理由通过共同遵守有利自愿合作的宪法性货币规则来促进社会交往。

　　布坎南认为,从经济学家在以个体自利行为的相互作用来解释市场的运行而采用的个人主义视角,到福利经济学家们将社会看作类似个体从而用它的集体效用公式评价可选的政策时隐含采用的集体主义

---

　　① Vanberg V J. Market and State: The Perspective of Constitutional Political Economy[J]. Journal of Institutional Economics,2005,1(1):23-49.

视角,这之间有方法论的转换。[1] 此方法论转换的原因在于,将理性选择的概念从个人行为层次不正确地普遍化到集体组织层次。福利经济学家将社会看作如同个人一样可以做出选择的实体,有它自己的价值尺度,从而放弃了古典经济学范式的个人主义。

福利经济学中隐含的功利主义集体观不特别明显,因为福利公式记录了社会成员个人的效用,在此意义上,它也似乎是个人主义的。功利主义认为社会合作是个人选择原则扩展到社会的结果的观点,这种扩展将所有人整合为一个。功利主义没有严肃地对待人和人之间的区别。在功利主义的建构中,个人仅仅被当作观察对象,福利经济学家将这些对象的效用包括进社会最优政策的计算中。即使个人的价值在福利公式中被计算和考虑到了,但这些价值判断也是由福利经济学家观察者推定的,而不是个体的行为所揭示出来的。[2] 相反,基本制度要求将个体视为决策者,他们基于自己对备选政策的价值的判断,集体选择、决定政策。功利主义构造的假的个人主义——效用个人主义和真正的个人主义——选择个人主义,它们间的差异是重要的,因为这两种视角体现了社会事务的效益和合法性观念间根本的区别,前者强调效用总量的最大化,后者强调主权者个体间在集体政治选择和私人市场选择上的自愿同意。

福利经济学宣称能直接以福利结果的特征来衡量货币权力的进步性,相应,它致力于应用货币供应、货币政策直接干预经济过程。相反,基本制度在衡量改进和如何取得改进上采取间接的方法和观点,拒绝福利经济学主张的作为观察和分析者决策者能以客观的方式评价结果的效率。其认为,主体间的合意才能评价产生结果的过程的效率,即从自愿合作中实现互利的程序的合适性。货币供应与货币政策的主要作用,不应为了追求特定结果而直接干预,而应完善经济社会结果所产生的过程,而完善是指能更好地使个体单独或集体地实现他们的目的。经济政策不是干预经济过程,而是局限于改良经济活动开展的规则和

---

① Vanberg V V. Markets and Regulation: On the Contrast between Free-Market Liberalism and Constitutional Liberalism[J]. Constitutional Political Economy, 1999,10(3): 219-243.

② Vanberg V J. Market and State: The Perspective of Constitutional Political Economy[J]. Journal of Institutional Economics, 2005,1(1):23-49.

制度框架以促进经济。

哈耶克认为自由决策的干预行为建立于知识的虚荣和幻觉上，这等于是宣称，知道得比我们能知道的更多。凯恩斯支持自由决策干预。[①] 而构建更好社会的策略，不应以自由决策干预的方式，而应以改变社会运行其中的规则的方式，提供普遍性的规定，使个体能够更好地应用他们对于相关情境的特定知识和自己对于事物的评价，单独或集体地追求他们的目标。

通过自愿同意交易，交易双方期望从交易中获益，货币也由此产生。市场就是自愿交易的制度。弗里德曼将个人间的自愿合作称为市场上的技术。作为自治的私法主体，个体能自由地与其他平等自由人订立自愿契约。与市场之内的交换契约对应，被共同遵守的规则性契约安排，限制了不确定数量个体对未来的选择自由，这是社会或宪法契约。[②] 它是不同的群体共同为他们的未来选择施加一定的规则约束条件，包括市场主体就货币达成的普遍同意。货币当局的货币权力就来源于此。

基本制度的主要目的，是为个人自由提供制度保障和以宪法确保个人自由。标准意义上的宪法，本质上是高于现存法律制度的高级制度，以组织法的实行。哈耶克所指的现存的法律制度包括，私法制度中法典化的普遍行为规则，它保障了私法社会的运行；高级制度指分配规则和限制政府权力的包含在宪法立法中的规则体系。基本制度保障作为私人自治的个人自由，界定和保护个人领域的正当行为的规则，以及对为执行这些规则而委托给政府的包括货币权力在内的强制性权力进行必要约束的宪法规定。[③] 宪法具有多个层次，超过民族国家的层次，宪法框架只能以国际公约或国际惯例的形式存在，比如成立欧元的《马约》，通过对欧元的货币权力予以界定和确认，可以为欧盟内民族国家层次的货币制度提供规范。自愿同意，也称为个人主权规范性原则，是

---

① Vanberg V V. Markets and Regulation: On the Contrast between Free-Market Liberalism and Constitutional Liberalism[J]. Constitutional Political Economy, 1999,10(3): 219-243.

② Vanberg V J. Market and State: The Perspective of Constitutional Political Economy[J]. Journal of Institutional Economics, 2005,1(1):23-49.

③ Vanberg V J. Market and State: The Perspective of Constitutional Political Economy[J]. Journal of Institutional Economics, 2005,1(1):23-49.

评价私人自治规则合法性的标准,也是各层次宪法的合法性来源。

自愿性在私人自治和宪法选择层次存在区别。私人自治领域下法治包含自愿的定义,这个定义可以通过诉讼来检验,个体权利可以通过私法救济得以维护。在宪法层次,自愿订约的具体内容及其含义不能预先确定。[①] 但这不改变这样的事实:与私法自治的层次一样,人们就货币达成的自愿契约仍然是在宪法选择层次合法化的准则,无论这个选择是自生自发程序的结果,还是立法程序精心设计的产物。但挑战是,人们就货币在宪法层次的自愿订约,在集体政治选择的内在困难和政府强大的货币权力面前,如何以最有效的方式来保障。

问题不是货币权力来自于人民这一基本民主准则,而是多数原则下政府无约束的货币权力这样一种现状。货币权力应该是宪法约束下的权力,货币决策须受宪法的约束。宪法制度作为权威机关事先制定的长期适用的普遍规则,应对暂时性多数为争取特定目的而应用的货币手段和方法进行约束。对货币权力的宪法约束逻辑,类似于一般的法和法院对该法在具体案件中的适用、对具体案件的裁判,法官受到基本法律规则的约束,同样立法者制订特定法律也受到宪法的更加普遍性的规则约束。[②] 我们要防止货币当局为某种原因实行违反法律的具体货币政策,同意也要防止货币当局为了特定目的(比如宏观调控)而违法普遍性规则。

在货币代表的个体自由与代表民主的政府货币权力出现不兼容的时候,个体多按多数原则作出决策应当受到普遍规则的约束,应当以规则来约束多数人的权力。哈耶克指出,对多数规则的约束不是通过另外一个高级意志,而是以国家所有权力来源与承续所依赖的人们的同意来实现的。货币的基本制度,即所有的权力应当按照普遍接受的规则来运用的准则,赋予个体充分理由在组织货币事务中采取保障性措施,这与货币权力的民主构成与理念不冲突。只有当人们用长期的决策与普遍的宪法性货币规则约束暂时多数的货币权力,才能保障人们免于他们所赋予的货币权力的损害,这也是确立人们生活于其中的货

① Vanberg V J. Market and State: The Perspective of Constitutional Political Economy[J]. Journal of Institutional Economics, 2005,1(1):23-49.

② Vanberg V J. Market and State: The Perspective of Constitutional Political Economy[J]. Journal of Institutional Economics, 2005,1(1):23-49.

币普遍秩序的唯一方法。宪法赋予了个体在政府权力行为中的至高无上性。个体的自由同意应当视为政府货币权力合法性的最终来源。[①]在此意义上，对普遍规则的接受使人们的结合成为共同体，这种普遍接受的宪法对权力的规范，是自由社会不可或缺的条件。

---

① Vanberg V J. Market and State：The Perspective of Constitutional Political Economy[J]. Journal of Institutional Economics，2005，1(1)：23-49.

参 考 文 献

[1] 格奥尔格·席美尔. 货币哲学[M]. 朱桂琴,译. 北京:光明日报出版社,2009.

[2] 哈贝马斯. 在事实与规范之间:关于法律和民主法治国的商谈理论[M]. 童世骏,译. 北京:三联书店,2003.

[3] 黑格尔. 精神现象学[M]. 贺麟,王玖兴,译. 北京:商务印书馆,2009.

[4] 卡尔·施米特. 政治的浪漫派[M]. 冯克利,刘锋,译. 上海:上海人民出版社,2004.

[5] 卡尔·施米特. 宪法学说[M]. 刘锋,译. 上海:世纪出版集团上海人民出版社,2005.

[6] 康德. 道德形而上学原理[M]. 上海:上海人民出版社,2005.

[7] 罗尔夫·斯特博. 德国经济行政法[M]. 北京:中国政法大学出版社,1999.

[8] 马克斯·韦伯. 民族国家与经济政策[M]. 北京:生活·读书·新知三联书店,1997.

[9] 门格尔. 国民经济学原理世纪文库[M]. 上海:上海人民出版社,2001.

[10] 齐美尔. 桥与门:齐美尔随笔集[M]. 上海:三联书店,1991.

[11] 维克托尔·凡贝格. 秩序政策的规范基础[M]. 北京:中国社会科学出版社,2002.

[12] 约尔格·吉多·许尔斯曼. 货币生产的伦理[M]. 董子云,译. 杭州:浙江大学出版社,2011.

[13] 福柯. 规训与惩罚:监狱的诞生[M]. 刘北成,杨远婴,译. 北京:三联书店,2003.

[14] 孟德斯鸠. 论法的精神(上册)[M]. 张雁深,译. 北京:商务印书

馆,2004.

[15] 蒙代尔. 蒙代尔经济学文集(第二卷)货币与宏观经济的一般理论[M]. 向松柞,译. 北京:中国金融出版社,2003.

[16] 约翰·史密森. 货币经济学前沿:论争与反思[M]. 柳永明,王蕾,译. 上海:上海财经大学出版社,2004.

[17] E. S. Corwin. 美国宪法的"高级法"背景[M]. 强世功,译. 北京:三联书店,1996.

[18] 博登海默. 法理学:法律哲学与法律方法[M]. 邓正来,译. 北京:中国政法大学出版社,2004.

[19] 阿兰·罗鲍姆. 宪政的哲学之维[M]. 北京:生活·读书·新知三联书店,2001.

[20] 巴里·艾肯格林. 资本全球化:国际货币体系史[M]. 彭兴韵,译. 上海:上海人民出版社,2009.

[21] 贝尔纳德·列特尔. 货币的未来[M]. 林罡,刘姝颖,译. 北京:新华出版社,2003.

[22] 贝纳加. 施特劳斯、韦伯与科学的政治研究[M]. 陆月宏,译. 上海:华东师范大学出版社,2010.

[23] 布鲁斯·阿克曼. 我们人民:宪法变革的原动力[M]. 孙文恺,译. 北京:法律出版社,2009.

[24] 查尔斯·比尔德. 美国宪法的经济观[M]. 何希齐,译. 北京:商务印书馆,2010.

[25] 弗里德曼. 货币的祸害:货币史片段[M]. 北京:商务印书馆,2006.

[26] 富勒. 法律的道德性[M]. 郑戈,译. 北京:商务印书馆,2009.

[27] 哈里斯. 货币理论[M]. 梁小民,译. 北京:中国金融出版社,1989.

[28] 哈罗德·拉斯韦尔. 政治学:谁得到什么? 何时和如何得到[M]. 杨昌裕,译. 北京:商务印书馆,2009.

[29] 哈维·曼斯菲尔德. 驯化君主[M]. 冯克利,译. 南京:译林出版社,2005.

[30] 劳伦斯·怀特. 货币制度理论[M]. 李扬,周素芳,姚枝仲,译. 北京:中国人民大学出版社,2004.

[31] 列奥·施特劳斯,约瑟夫·克罗波西. 政治哲学史[M]. 李洪润,

等,译.北京:法律出版社,2009.

[32] 马丁·舒贝克.货币和金融机构理论(第2卷)[M].王永钦,译.上海:上海三联书店,2006.

[33] 米尔顿·弗里德曼,安娜·施瓦茨.美国货币史:1867—1960[M].巴曙松,王劲松,等,译.北京:北京大学出版社,2009.

[34] 米塞斯.货币与信用原理[M].杨承厚,译.台北:台湾银行经济研究室.1967.

[35] 米塞斯.货币、方法与市场过程[M].戴玉忠,刘亚平,秋风,译.北京:新星出版社,2007.

[36] 莫瑞·罗斯巴德.为什么我们的钱变薄了:通货膨胀真相[M].陈正芬,何正云,译.北京:中信出版社,2008.

[37] 诺思.经济史中的结构与变迁[M].陈郁,罗华平,译.上海:三联书店上海分店,1994.

[38] 汤普森.宪法的政治理论[M].张志铭,译.北京:三联书店,1997.

[39] 托马斯·H·格列柯.货币的终结[M].周琴,刘坤,译.北京:金城出版社,2010.

[40] 乌戈·马太.比较法律经济学[M].沈宗灵,译.北京:北京大学出版社,2005.

[41] 约翰·格利爱德华·肖.金融理论中的货币[M].贝多广,译.上海:上海三联书店,2006.

[42] 约翰·罗尔斯.正义论[M].何怀宏,何包钢,廖申白,译.北京:中国社会科学出版社,1988.

[43] 詹姆斯·布坎南.自由、市场与国家:80年代的政治经济学[M].平新乔,莫扶民,译.上海:三联书店,1989.

[44] 詹姆斯·布坎南,布伦南.宪政经济学[M].冯克利,等,译.北京:中国社会科学出版社,2004.

[45] 詹姆斯·布坎南,瓦格纳.赤字中的民主:凯恩斯勋爵的政治遗产[M].刘廷安,罗光,译.北京:北京经济学院出版社,1988.

[46] 詹姆斯·布坎南.伦理学、效率与市场[M].廖申白,谢大京,译.北京:中国社会科学出版社,1991.

[47] 詹姆斯·布坎南.宪法秩序的经济学与伦理学[M].朱泱,毕洪海,李广乾,译.北京:商务印书馆,2008.

[48] 詹姆斯·布坎南戈登·塔洛克.同意的计算:立宪民主的逻辑基础[M].陈光金,译.北京:中国社会科学出版社,2000.

[49] 詹姆斯·布坎南、罗杰·D·康格尔顿.原则政治,而非利益政治:通向非歧视性民主[M].张定淮,何志平,译.北京:社会科学文献出版社,2004.

[50] 詹姆斯·布坎南.财产与自由[M].韩旭,译.北京:中国社会科学出版社,2002.

[51] 詹姆斯·布坎南.成本与选择[M].刘志铭,李芳,译.杭州:浙江大学出版社,2009.

[52] 黑田明伸.货币制度的世界史:解读"非对称性"[M].何平,译北京:中国人民大学出版社,2007.

[53] 美浓部达吉.宪法学原理[M].欧宗佑,何作霖,译.北京:中国政法大学出版社,2003.

[54] 植草益.微观规制经济学[M].北京:中国发展出版社,1992.

[55] 阿马蒂亚·森.以自由看待发展[M].任赜,于真,译.北京:中国人民大学出版社,2002.

[56] 大卫·休谟.人性论两卷本[M].关文运,译.北京:商务印书馆,1980.

[57] 戴维·沃克.牛津法律大辞典[M].李双元,等,译.北京:法律出版社,2003.

[58] 哈耶克.经济、科学与政治:哈耶克论文演讲集[M].冯克利,译.南京:江苏人民出版社,2003.

[59] 哈耶克.法律、立法与自由[M].邓正来,张守东,李静冰,译.北京:中国大百科全书出版社,2000.

[60] 哈耶克.自由秩序原理[M].邓正来,译.北京:三联书店,1997.

[61] 哈耶克.货币的非国家化[M].姚中秋,译.北京:新星出版社,2007.

[62] 哈耶克."大卫休谟的法律哲学和政治哲学"哈耶克读本[M].邓正来编:培文读本丛书.北京:北京大学出版社,2010.

[63] 凯恩斯.就业利息和货币通论[M].北京:商务印书馆,1963.

[64] 洛克.政府论(下篇)[M].瞿菊农,叶启芳,译.北京:商务印书馆,1982.

[65] 齐格蒙·鲍曼. 立法者与阐释者:论现代性,后现代性与知识分子[M]. 洪涛,译. 上海:上海人民出版社,2000.

[66] 亚当·斯密. 国富论[M]. 上海:上海三联书店,2009.

[67] 以赛亚·柏林. 自由论:《自由四论》[M]. 胡传胜,译. 南京:译林出版社,2003.

[68] 约翰·斯图亚特·穆勒. 政治经济学原理[M]. 金镝,金熠,译. 北京:华夏出版社,2009.

[69] Goodhart C A E. 金融稳定与巴塞尔协议[J]. 新金融,2006(2):7-10.

[70] 本·伯南克. 弗里德曼的货币框架:一些教训[J]. 中国金融,2006(5):54-56.

[71] 蔡定剑. 宪法精解[M]. 北京:法律出版社,2004.

[72] 陈必福. 财政立宪:我国宪政建设之路径选择[J]. 亚太经济,2005(6):92-94.

[73] 陈彩虹. 纸币契约与货币政策目标[J]. 金融研究,1995(9):41-45.

[74] 陈彩虹. 纸币契约论[J]. 财经问题研究,1997(8):3-13.

[75] 陈彩虹. 关于统一货币问题[J]. 经济研究,1998(10):57-63.

[76] 陈彩虹. 以邻为壑的货币政策[J]. 读书,2009(11):6-12.

[77] 陈端洪. 制宪权与根本法[M]. 北京:中国法制出版社,2010.

[78] 陈其人. 货币理论与物价理论研究[M]. 上海:上海人民出版社,2002.

[79] 陈享光,刘霄. 弗里德曼准则的约束条件与实施[J]. 经济社会体制比较,2007(2):147-154.

[80] 陈雨露,罗煜. 金融开放与经济增长:一个述评[J]. 管理世界,2007(4):138-147.

[81] 戴国强. 货币金融学[M]. 上海:上海财经大学出版社,2006.

[82] 单飞跃. 经济法理念与范畴的解析[M]. 北京:中国检察出版社,2002.

[83] 单飞跃. 经济宪政哲学论纲[D]. 重庆:西南政法大学,2005.

[84] 单飞跃. 经济法教程[M]. 北京:法律出版社,2006.

[85] 单飞跃. 个体主义公共观:公共经济关系的宪政哲学取向[J]. 现

代法学,2009(1):33-43.

[86] 单飞跃.宪法政治场景中的金融危机干预[J].法学家,2010(6):1-8.

[87] 单飞跃,李莉.经济权力的宪政之维——公共性事件的触角[J].吉首大学学报(社会科学版),2006(2):131-141.

[88] 单飞跃,鲁勇睿.货币政策权力的宪法性配置研究[J].重庆大学学报(社会科学版),2011(3):109-115.

[89] 单飞跃,严颂.经济宪政视域中的中央与地方关系——国家结构形式对经济权力配置的影响[J].上海财经大学学报,2008(2):25-32.

[90] 范方志.通货膨胀研究[J].宁夏社会科学,2011(2):25-32.

[91] 费雷德里克·米什金.央行如何面对资产泡沫[J].中国金融,2011(17):9-11.

[92] 冯果.基本制度下的经济法法权结构探究[J].甘肃社会科学,2008(4):209-212.

[93] 冯俊新,李稻葵.金融监管和货币政策决策机制研究评述[J].经济学动态,2011(9):121-126.

[94] 冯兴元.论奥尔多秩序与秩序政策——从秩序年鉴谈起[J].德国研究,2001(4):37-40.

[95] 冯兴元.规则的逻辑与意蕴——《宪政经济学》评介[J].管理世界,2004(2):149-153.

[96] 富景筠.货币与权力——读哈耶克《货币的非国家化》[J].读书,2008(4):123-128.

[97] 高程.布坎南与罗尔斯正义观的同与异[J].读书,2010(9):21-28.

[98] 葛克昌.税法基本问题:财政宪法篇[M].北京:北京大学出版社,2004.

[99] 国家计委宏观经济研究院.26国(地区)抑制通货膨胀的经验[M].北京:中国物价出版社,1996.

[100] 何勤华.法律秩序的历史考察以及模式选择[J].中南政法学院学报,1993(3):21-27.

[101] 洪源,罗宏斌.财政赤字的通货膨胀风险——理论诠释与中国的

实证分析[J].财经研究,2007(4):85-95.

[102] 黄达.金融学:货币银行学(第四版)[M].北京:中国人民大学出版社,2009.

[103] 黄卉.宪法经济制度条款的法律适用——从德国经济宪法之争谈起[J].中外法学,2009(4):559-573.

[104] 黄锫.规范主义经济宪法学的理论架构——以布坎南的思想为主轴[J].法商研究,2007(2):147-152.

[105] 季卫东.法治秩序的建构[J].北京:中国政法大学出版社,1999.

[106] 季卫东.宪政新论:全球化时代的法与社会变迁第二版[M].北京:北京大学出版社,2005.

[107] 蒋悟真.中国经济法研究范式[J].法学家,2007(5):78-83.

[108] 李刚.税法公平价值论《财税法论丛》(第1卷)[J].刘剑文,主编,北京:法律出版社,2002.

[109] 李龙,朱孔武.财政立宪主义论纲[J].法学家,2003(6):96-105.

[110] 李猛.韦伯:法律与价值[M].上海:上海人民出版社,2001.

[111] 李少军.国际政治学概论[M].上海:上海人民出版社,2005.

[112] 廖益新.经济全球化与国际经济法学[J].厦门大学学报:哲学社会科学版,2000(3):13-18.

[113] 林来梵.从宪法规范到规范宪法:规范宪法学的一种前言[M].北京:法律出版社,2001.

[114] 刘茂林.宪法秩序作为中国宪法学范畴的证成及意义[J].中国法学,2009(4):47-58.

[115] 刘少军.法财产基本类型与本质属性[J].政法论坛,2006(1):160-169.

[116] 刘少军.金融法的基本理论问题研究[J].经济法论坛,2008,319-339.

[117] 刘少军,王一轲.货币财产(权)论[M].北京:中国政法大学出版社,2009.

[118] 刘守刚.西方财政立宪主义理论及其对中国的启示[J].财经研究,2003(7):28-33.

[119] 刘水林.法学方法论研究[J].法学研究,2001,23(3):42-54.

[120] 刘水林. 经济法基本范畴的整体主义解释[M]. 厦门：厦门大学出版社,2006.

[121] 刘铁娃. 试论美国在国际货币基金组织中的制度霸权[J]. 国际论坛,2006(3):44-48.

[122] 刘小枫. 施米特与政治法学[M]. 上海：上海三联书店,2002.

[123] 刘新华,线文. 货币的本质：主流与非主流之争[J]. 经济社会体制比较,2010(6):174-181.

[124] 刘颖. 货币发展形态的法律分析——兼论电子货币对法律制度的影响[J]. 中国法学,2002(1):81-92.

[125] 刘煜辉. 中国通货膨胀的逻辑与治理[J]. 中国金融,2011(7):76-77.

[126] 罗熹. 循序推进人民币国际化进程[J]. 红旗文稿,2009(9):27-30.

[127] 马洪. 经济法概论第5版[M]. 上海：上海财经大学出版社,2010.

[128] 马克思,恩格斯. 马克思恩格斯全集(第46卷下)[M]. 中共中央马克思,恩格斯,列宁,斯大林著作编译局. 北京：人民出版社,1980.

[129] 迈克尔·赫德森. 金融帝国：美国金融霸权的来源和基础[M]. 嵇飞,林小芳等,译. 北京：中央编译出版社,2008.

[130] 宓文湛. 货币：表征历史进化节度的重要符号[J]. 哲学动态,2003(8):16-18.

[131] 让玛·瓦苏德万. 国际金融体系的历史演进与当前国际金融危机——基于马克思货币理论的分析[J]. 贺钦,译. 国外理论动态,2010(6):1-8.

[132] 苏力. 法律和社会科学第四卷法律与经济学专号[M]. 北京：法律出版社,2009.

[133] 孙国华. 法理学教程[M]. 北京：中国人民大学出版社,1994.

[134] 孙珺. 金融危机与德国金融法律制度研究[J]. 德国研究,2009(2):52-57.

[135] 孙珺. 德国中央银行与欧洲中央银行独立性的法律分析及其对中国的启示[J]. 德国研究,2010(1):42-48.

[136] 覃有土,刘乃忠,李刚.论税收法定主义[J].现代法学,2000(3): 37-39.

[137] 唐寿宁.经济学的宪政视角——《经济学与宪政秩序的伦理学》述评[J].管理世界,2005(8):164-169.

[138] 童之伟,殷啸虎.宪法学[M].上海:上海人民出版社,2010.

[139] 汪丁丁.社会选择、公共选择与新政治经济学[J].学术月刊, 2007,39(8):65-67.

[140] 汪自力.中国金融市场化与国际化论纲[M].北京:中国金融出版社,1997.

[141] 王鸿貌.税收法定原则之再研究[J].法学评论,2004(3): 51-59.

[142] 王全兴.经济法基础理论专题研究[M].北京:中国检察出版社,2002.

[143] 王全兴.经济法前沿问题研究[M].北京:中国检察出版社,2004.

[144] 王全兴,何平.论经济法学研究中的结构性研究[J].重庆大学学报:社会科学版,2008,14(5):122-125.

[145] 王士如.宪法的政治形式:权力制约与人权保障[J].海财经大学学报,2002,4(3):50-58.

[146] 王士如.税收立法中的宪政理念——以《税收征收管理法》第88条为例[J].上海财经大学学报:哲学社会科学版,2008,10(3): 26-32.

[147] 王士如.中国税收立法的宪政思考——从税收法定主义谈起[J].政法论坛:中国政法大学学报,2009(1):101-108.

[148] 王士如,高景芳.公民财产权与国家征税权的价值冲突与契合[J].上海财经大学学报:哲学社会科学版,2009,11(4):19-25.

[149] 王世杰,钱瑞升.比较宪法[M].北京:商务印书馆,2010.

[150] 王湘穗.币权:世界政治的当代枢纽[J].现代国际关系,2009 (7):1-8.

[151] 王玉洁,冯彦明,侯超惠.货币金融学[M].北京:中国社会科学出版社,2010.

[152] 韦森.货币、集体意向性与市场的道德基础[J].学术月刊,2003

(8):8-10.

[153] 韦森. 从语言哲学看货币的本质[J]. 哲学动态,2003(8):14-16.

[154] 吴庚. 政法理论与法学方法[M]. 北京:中国人民大学出版社,2007.

[155] 吴越. 经济宪法学导论——转型中国经济权利与权力之博弈[M]. 北京:法律出版社,2007.

[156] 吴越. 宏观调控:宜政策化抑或制度化[J]. 中国法学,2008(1):83-92.

[157] 吴志攀. 美元、日元和人民币的历史告诉我们什么?——历史制度中的汇率改革[J]. 经济法论坛,2006(1):117-129.

[158] 吴志攀. 华尔街金融危机中的法律问题[J]. 法学,2008(12):29-35.

[159] 夏丹阳. 货币理论与货币政策研究[M]. 北京:中国财政经济出版社,2004.

[160] 夏丹阳. 货币银行学[M]. 北京:经济管理出版社,2010.

[161] 夏勇. 宪政建设:政权与人民[M]. 北京:社会科学文献出版社,2004.

[162] 谢晖. 法学范畴的矛盾辨思[M]. 济南:山东人民出版社,1999.

[163] 熊伟. 认真对待权力:公共预算的法律要义[J]. 政法论坛,2011(5):40-47.

[164] 亚历山大·科耶夫. 法权现象学纲要[M]. 邱立波,译. 上海:华东师范大学出版社,2011.

[165] 杨松. 国际法与国际货币新秩序研究[M]. 北京:北京大学出版社,2002.

[166] 杨松. 国际金融法研究应注意的几个问题[J]. 法学研究,2004(2):137-138.

[167] 杨松. 国际货币新秩序与国际法的发展[J]. 法学论坛,2007(2):14-16.

[168] 杨松,闫海. 中国人民银行独立性:条文分析与规范重构[J]. 时代法学,2008(3):18-26.

[169] 杨松. 后金融危机时代银行法面临的问题及其完善[J]. 法学杂

志,2010(11):33-36.

[170] 杨松,等.银行法律制度改革与完善研究[M].北京:北京大学出版社,2011.

[171] 易纲,贝多广.货币浅说[M].上海:上海人民出版社,1997.

[172] 尹龙.货币性质的再认识与货币供给理论的发展[J].金融研究,2002(1):55-62.

[173] 于祖尧.汇率制度改革必须维护货币主权[J].红旗文稿,2010(11):9-12.

[174] 余永定.再论人民币国际化[J].国际经济评论,2011(5):7-13.

[175] 约翰·伊特韦尔,默里·米尔盖特,彼得·纽曼.新帕尔格雷夫经济学大辞典[M].第一卷.A～D.北京:经济科学出版社,1992.

[176] 约翰·史密森.货币经济学前沿:论争与反思[M].上海:上海财经大学出版社,2004.

[177] 张军旗.WTO体制下国家主权与国家利益的维护[J].上海财经大学学报,2005,7(1):54-61.

[178] 张军旗.多边贸易关系中的国家主权问题[M].北京:人民法院出版社,2006.

[179] 张君劢.宪政之道[M].北京:清华大学出版社,2006.

[180] 张启强.布坎南国家观述评[J].东南学术,2006(5):41-46.

[181] 张千帆.宪法学讲义[M].北京:北京大学出版社,2011.

[182] 张庆麟.析金融全球化对国家货币主权的冲击[J].中国法学,2002(2):123-130.

[183] 张庆麟.论货币的法律概念及其法律属性[J].经济法论丛,2003(2):164-186.

[184] 张庆麟.论汇率的国际法律问题[J].中国法学,2004(6):178-180.

[185] 张庆麟.论货币的物权特征[J].法学评论,2004(5):50-54.

[186] 张庆麟.论国家调整汇率的权利与义务——兼论人民币汇率调整的国际法律问题[J].国际经济法学刊,2006(2):250-271.

[187] 张守文.论税收法定主义[J].法学研究,1996(6):57-65.

[188] 张守文.财政危机中的宪政问题[J].法学,2003(9):38-47.

[189] 张淑芳.我国宪法司法化的途径分析[J].华东师范大学学报:哲学社会科学版,2002,34(3):100-105.

[190] 张淑芳.论宪法中的法律性条款[J].社会科学战线,2010(5):187-195.

[191] 张淑芳,陈书笋.论私有财产权在我国宪法中的重新定位——兼论与构建和谐社会的关系[J].湖北警官学院学报,2005(6).

[192] 张文显.法学基本范畴研究[M].北京:中国政法大学出版社,1993.

[193] 张五常.货币战略论:从价格理论看中国经验[M].北京:中信出版社,2010.

[194] 张雄.货币幻象:马克思的历史哲学解读[J].中国社会科学,2004(4):53-60.

[195] 张亦春,邱崇明.开放进程中的中国货币政策研究:基于"入世"背景[M].北京:北京大学出版社,2008.

[196] 张宇润.金融自由和安全的法律平衡[J].法学家,2005(5):91-99.

[197] 张宇润.论中央银行在实现货币主体社会性权利中的作用[J].政法论丛,2011(4):3-12.

[198] 张宇润.货币的法本质[J].北京:中国检察出版社,2010.

[199] 张宇燕,张静春.货币的性质与人民币的未来选择[J].当代亚太,2008(2):8.

[200] 赵世义.经济宪法学基本问题[J].法学研究,2001,23(4):32-41.

[201] 赵智锋,郑飞.论货币的本质是价值信用关系[J].当代经济研究,2008(10):15-18.

[202] 郑少华.论金融监管权的边界[J].法学,2003(7):73-77.

[203] 周刚志.论公共财政与宪政国家:作为财政宪法学的一种理论前言[M].北京:北京大学出版社,2005.

[204] 周业安.政治过程中的路径依赖[J].学术月刊,2007(8):71-74.

[205] 周永坤.法理学:全球视野[M].北京:法律出版社,2010.

[206] 周长鲜.财政预算绩效监督体制:西方发达国家议会的经验与启

示[J]. 经济社会体制比较,2010(5):148-153.

[207] 周仲飞. 论中央银行独立性的法律保障机制[J]. 政治与法律, 2005(1):30-36.

[208] 周仲飞. 银行监管机构问责性的法律保障机制[J]. 法学,2007 (7):81-90.

[209] 周仲飞. 银行监管机构独立性的法律保障机制[J]. 法学研究, 2008(1):40-50.

[210] 周仲飞. 银行法研究[M]. 上海:上海财经大学出版社,2010.

[211] 朱福惠. 宪法至上——法治之本[M]. 北京:法律出版社,2000.

[212] 朱孔武. 财政立宪主义研究[M]. 北京:法律出版社,2006.

[213] Bastiat F. What Is Money[J]. Quarterly Journal of Austrian Economics, 2002,5(3):87-105.

[214] Bell S. The Role of the State and the Hierarchy of Money[J]. Cambridge Journal of Economics, 2001,25(2):149-163.

[215] Bellofiore R. Between Wicksell and Hayek[J]. American Journal of Economics and Sociology, 1998,57(4):531-578.

[216] Berger H, Hann J D. Eijffinger S C W. Central Bank Independence:An Update of Theory and Evidence[J]. Journal of Economic Surveys, 2001,15(1):3-40.

[217] Bernholz P. The Implementation and Maintenance of a Monetary Constitution[J]. Cato Journal, 1986,6(2):477-511.

[218] Bernholz P. Monetary Constitution, Political-Economic Regime, and Long-Term Inflation[J]. Constitutional Political Economy, 2001,12(1):3-12.

[219] Bernholz P. Politics, Financial Crisis, Central Bank Constitution and Monetary Policy[J]. Frankfurt Conference. Frankfurt, 2010:1-11.

[220] Boyes W J, Mounts W S, Soweel C. Monetary and Fiscal Constitutions and the Bureaucratic Behavior of the Federal Reserve[J]. Public Finance Review, 1998,26(6):548-564.

[221] Brennan G, Buchanan J M. Monopoly in Money and Inflation: The Case for a Constitution to Discipline Government[J].

London: Institute of Economic Affairs, 1981.

[222] Burnner K. In Search of a Monetary Constitution[J]. JSTOR, 1963:616-618.

[223] Buchanan J M. Predictability: The Criterion of Monetary Constitutions. In L. B. Yeager(Ed.): in Search of a Monetary Constitution [M]. Cambridge: Harvard University Press, 1962:170.

[224] Buchanan J M. The Reason of Rules: Constitutional Political Economy[M]. Cambridge The University Press, 1985.

[225] Buchanan J M. Liberty, Market and State: Political Economy in the 1980s[M]. Wheatsheaf Books Brighton, Sussex, 1986.

[226] Buchanan J M. Reductionist Reflections on the Monetary Constitution[J]. Cato Journal, 1989,9(2):295-300.

[227] Buchanan J M. Essays on the Political Economy [M]. Honolulu: University of Hawaii Pr, 1989.

[228] Buchanan J M. Constitutional Efficiency and the European Central Bank[J]. Cato Journal, 2004(24):13-18.

[229] Buchanan J M. The Constitutionalization of Money[J]. Cato Journal, 2010,30(2):251-258.

[230] Buchanan J M, Tollison R D, Vanberg V J. Economics: Between Predictive Science and Moral Philosophy[M]. Texas A & M University Press, 1987.

[231] Buchanan J M, Tollison R D, Vanberg V J. Explorations into Constitutional Economics[M]. Texas A & M University Press College Station, TX, 1989.

[232] Burdekin R C K, Wohar M E. Monetary Institutions, Budget Deficits and Inflation: Empirical Results for Eight Countries [J]. European Journal of Political Economy, 1990, 6 (4): 531-551.

[233] Burdekin R C K, Withborg C, Willen T D. A Monetary Constitution Case for an Independent European Central Bank [J]. The World Economy, 1992,15(2):231-249.

[234] Carr J, Chu K. A Monetary Constitution for the Americas[J]. Money and Markets in the Americas: New Challenges for Hemispheric Integration, 271.

[235] Chown J F. A History of Money: From Ad 800 [M]. Routledge and the Institute of Economic Affairs, 1994.

[236] Chung J J. Money as Simulacrum: The Legal Nature and Reality of Money[J]. Hastings Business Law Journal, 2009 (5):109-168.

[237] Cooper S. Defining the Limits of Monetary Power within Currency Areas[J]. EUI Working Paper, 2005(9):1-24.

[238] Cowen T, Kroszner R. The Development of the New Monetary Economics[J]. The Journal of Political Economy, 1987,95(3):567-590.

[239] Cuadras Morató X. Fiat Money, Intrinsic Properties, and Government Transaction Policy[J]. SSRN eLibrary, 2000: 1-55.

[240] D'amico D. Buchanan on Monetary Constitutions [J]. Constitutional Political Economy, 2007,18(4):301-318.

[241] de Hann J, Masciandaro D, Quintyn M. Does Central Bank Independence Still Matter[J]. European Journal of Political Economy, 2008,24(4):717-721.

[242] Dorn J. Introduction: Alternatives to Government Fiat Money [J]. The Cato Journal, 1989,9(2):277-294.

[243] Dorn. Central Bank Independence, Disinflations, and the Sacrifice Ratio[J]. Comparative Political Studies, 2004,37(4): 399-434.

[244] Eijffinger S, Schaling E, Hoeberichts M. Central Bank Independence: A Sensitivity Analysis[J]. European Journal of Political Economy, 1998,14(1):73-88.

[245] Einzing P. The Future of Gold[M]. London: Macamillan and co., limited, 1934.

[246] Epstein G. Political Economy and Comparative Central

Banking[J]. Review of Radical Political Economics，1992，24
(1)：1-30.

[247] Fischer S. Keynes-Wicksell and Neoclassical Models of Money
and Growth[J]. The American Economic Review，1972，62
(5)：880-890.

[248] Fischer S. FriedmanVersus Hayek on Private Money：Review
Essay[J]. Journal of Monetary Economics，1986，17(3)：433-439.

[249] Fishcer S. Monetary Rules and Commodity Money Schemes
under Uncertainty[J]. Journal of Monetary Economics，1986，
17(1)：21-35.

[250] Fischer S. Rules Versus Discretion in Monetary Policy[J].
National Bureau of Economic Research Cambridge，Mass.，
USA，1988，1-48.

[251] Fischer S. Central-Bank Independence Revisited [J]. The
American Economic Review，1995，85(2)：201-206.

[252] Forstater M. Taxation and Primitive Accumulation：The Case
of Colonial Africa[J]. Research in Political Economy，2005
(22)：51-65.

[253] Friedman M. A Monetary and Fiscal Framework for Economic
Stability[J]. The American Economic Review，1948，38(3)：
245-264.

[254] Friedman M. Should There Be an Independent Monetary
Authority [J]. In L. Yeager in Search of a Monetary
Constitution. Cambridge，MA：Harvard University Press，1962.

[255] Friedman M. Government Revenue from Inflation[J]. The
Journal of Political Economy，1971：846-856.

[256] Friedman M. Monetary Policy：Tactics Versus Strategy[J].
The Search for Stable Money[M]. Chicago：University of
Chicago Press，1987：361-382.

[257] Friedman M, Schwartz A J. The Role of Money [M].
University of Chicago Press，1982.

[258] Friedman M, Schwartz A J. Has Government Any Role in

Money[J]. Journal of Monetary Economics, 1986, 17 (1):
37-62.

[259] Friedman B, Kuttner K, Gertler M, Tobin J. A Price Target
for Us Monetary Policy? Lessons from the Experience with
Money Growth Targets[J]. Brookings Papers on Economic
Activity, 1996(1):77-146.

[260] Fullwiler S T B, Stephanie A, Wray, L. Randall. Modern
Money Theory: A Response to Critics[J]. SSRN eLibrary,
2012:1-12.

[261] Goldberg D. The Tax-Foundation Theory of Fiat Money[J].
Economic Theory, 2007,1-9.

[262] Goddhart C. The Two Concepts of Money: Implications for
the Analysis of Optimal Currency Areas[J]. European Journal
of Political Economy, 1998,14(3):407-432.

[263] Goodhart C A E. The Constitutional Position of an
Independent Central Bank[J]. Government and Opposition,
2002,37(2):190-210.

[264] Goodhart C A E. The Regulatory Response to the Financial
Crisis[J]. Journal of Financial Stability, 2008,4(4):351-358.

[265] Grilli V, Masciandaro D, Tabellini G, Malinvaud E, Pagano
M. Political and Monetary Institutions and Public Financial
Policies in the Industrial Countries [J]. Economic Policy,
1991:342-392.

[266] Grubb F. The US Constitution and Monetary Powers: An
Analysis of the 1787 Constitutional Convention and the
Constitutional Transformation of the Us Monetary System[J].
Financial History Review, 2006,13(1):43-71.

[267] Hahn H J. Geldverfassung Und Ordnungspolitik[J]. Baden-
Baden, German: Nomos Verlagsgesellschaft, 1989.

[268] Hansjürgens B. The Influence of Knut Wicksell on Richard
Musgrave and James Buchanan[J]. Public Choice, 2000, 103
(1):95-116.

[269] Harden. Money and the Constitution: Financial Control, Reporting and Audit[J]. Legal Studies, 1993,13(1):16-37.

[270] Havrilesky T, Gildea J A. The Policy Preferences of Fomc Members as Revealed by Dissenting Votes: Comment[J]. Journal of Money, Credit and Banking, 1991, 23 (1): 130-138.

[271] Hayek F A V. Denationalization of Money: The Argument Refined[M]. London: Institute of Economic Affairs, 1990.

[272] Hayo B, Voigt S. Inflation, Central Bank Independence, and the Legal System[J]. Journal of Institutional and Theoretical Economics, 2008,164(4):751-777.

[273] Herrmann C. Währungshoheit, Währungsverfassung Und Subjektive Rechte Mohr Siebeck, 2010.

[274] Hetzel R L. The Case for a Monetary Rule in a Constitutional Democracy[J]. Federal Reserve Bank of Richmond Economic Quarterly, 1997,83(2):45-65.

[275] Hoppe H H. How Is Fiat Money Possible? —or, the Devolution of Money and Credit[J]. The Review of Austrian Economics, 1994,7(2):49-74.

[276] Horwitz S. Monetary Exchange as an Extra-Linguistic Social Communication Process[J]. Review of Social Economy, 1992, 50(2):193-196.

[277] Horwitz S. Spontaneity and Design in the Evolution of Institutions: The Similarities of Money and Law[J]. Journal des Économistes et des Études Humaines, 1993,4(4):571-587.

[278] Horwitz S. Monetary Calculation and Mises's Critique of Planning[J]. History of Political Economy, 1998 (30): 427-429.

[279] Horwitz S. Do We Need a Distinct Monetary Constitution[J]. SSRN eLibrary, 2010:1-28.

[280] Johnson H G. Inside Money, Outside Money, Income,

165

Wealth, and Welfare in Monetary Theory [J]. Journal of Money, Credit and Banking, 1969,1(1):30-45.

[281] Kindleberber C P. International Money: A Collection of Essays. Routledge, 2006.

[282] Knapp G F. The State Theory of Money. London: Macmillan & Company Limited, 1924.

[283] Kuznetsov Y. Fiat Money as an Administrative Good [J]. Review of Austrian Economics, 1997, 10(2):111-114.

[284] Kydland F E, Prescott E C. Rules Rather than Discretion: The Inconsistency of Optimal Plans [J]. The Journal of Political Economy, 1977,85(3):473-491.

[285] Kydland F E, Wynne M A. Alternative Monetary Constitutions and the Quest for Price Stability [J]. Federal Reserve Bank of Dallas Economic and Financial Policy Review, 2002,1(1):1-19.

[286] Lerner P. Money as a Creature of the State[J]. The American Economic Review, 1947,37(2):312-317.

[287] Long J B D, Summers L H. Macroeconomic Policy and Long-Run Growth[J]. Economic Review, 1992(4):93-128.

[288] Martino. A Monetary Constitution for Europe [J]. Cato Journal, 1990,10(2):519-534.

[289] Maurer. The Anthropology of Money [J]. Annu. Rev. Anthropol. , 2006(35):15-36.

[290] McCallum. Monetary Standards and the US Constitution[J]. Economic Policies for the 21st Century, 2011:1-4.

[291] Nenovsky N. On Money as an Institution[J]. SSRN eLibrary, 2009:1-19.

[292] Paganelli M P. Hume and Endogenous Money[J]. Eastern Economic Journal, 2006,32(3):533-547.

[293] Papadopouls G. Money as an Institution[J]. SSRN eLibrary, 2008:1-24.

[294] Pendakur K, Pendakur R. The Colour of Money: Earnings

Differentials among Ethnic Groups in Canada[J]. Canadian Journal of Economics, 1998,518-548.

[295] Quaglia L. European Monetary Integration and the 'Constitutionalization' of Macroeconomic Policy Making[J]. Constitutional Political Economy, 2003, 14(3):235-251.

[296] Quiggin H. A Survey of Primitive Money: The Beginnings of Currency[M]. Taylor & Francis, 1949.

[297] Ritter J A. The Transition from Barter to Fiat Money[J]. The American Economic Review, 1995:134-149.

[298] Robertson B. The Currency and the Constitution: Lessons from a Rather Small Place [J]. Oxford Journal of Legal Studies, 1996,16(1):1-29.

[299] Rolnick J, Weber W E. Money, Inflation, and Output under Fiat and Commodity Standards [J]. Journal of Political Economy, 1997,105(6):1308-1321.

[300] Schwartz J. Prospects of an International Monetary System Constitution[J]. Contemporary Economic Policy, 1987,5(2): 16-30.

[301] Schwartz J. Lessons of the Gold Standard Era and the Bretton Woods System for the Prspects of an International Monetary System Constitution[M]. University of Chicago Press, 1987.

[302] Searle J R. Social Ontology [J]. Anthropological Theory, 2006,6(1):12-29.

[303] Selgin G W. The Future of Fiat Money: A Mengerian Perspective in Michael Latzer Stefan Schmitz Eds. , Carl Menger and the Evolution of Payments Systems: From Barter to Electronic Money Cheltenham, UK: Edward Elgar, 2002: 133-158.

[304] Selgin G. Adaptive Learning and the Transition to Fiat Money [J]. The Economic Journal, 113(484):147-165.

[305] Sergi B S. A New Index of Independence of 12 European National Central Banks [J]. Journal of Transnational

Management Development, 2000,5(2):41-57.

[306] Servais D, Ruggeri R. The EU Constitution: Its Impact on Economic and Monetary Union and Economic Governance[J]. Legal Aspects of the European System of Central Banks. Liber Amicorum Paolo Zamboni Garavelli, Frankfurt(ECB), 2005: 43-71.

[307] Smits R. The European Constitution and Economic and Monetary Union[R]. A Constitutional Treaty for an Enlarged Europe: Institutional and Economic Implications for Economic and Monetary Union, 2004.

[308] Spinelli F, Masciandaro D. Towards Monetary Constitutionalism in Italy [J]. Constitutional Political Economy, 1993,4(2):211-222.

[309] Stehn J. Towards a European Constitution: Fiscal Federalism and the Allocation of Economic Competences[J]. Kiel Working Papers, 2002:1-30.

[310] Stolfi F. The Accountability of the European Central Bank: Sketching a Comparative Perspective[J]. The Sixth Biennial International Conference of the European Communities Studies Association. Pittsburgh, 1999:1-28.

[311] Tcherneva P. The Nature, Origins, and Role of Money: Broad and Specific Propositions and Their Implications for Policy[J]. Center for Full Employment and Price Stability, Kansas City, MO, Working Papers, 2005(46):1-26.

[312] Thornton M. Frédéric Bastiat's Views on the Nature of Money [J]. Quarterly Journal of Austrian Economics, 2002, 5(3):81-86.

[313] Vanberg V V. Markets and Regulation: On the Contrast between Free-Market Liberalism and Constitutional Liberalism [J]. Constitutional Political Economy, 1999,10(3):219-243.

[314] Vaubel R. Currency Competition Versus Governmental Money Monopolies[J]. Cato Journal, 1986,5(3):927-942.

[315] Vieira E. J R. Forgotten Role of the Constitution in Monetary Law[J]. Texas Review of Law and Politics, 1997(2):77-128.

[316] Von Hagen J, Süppel R. Central Bank Constitutions for Federal Monetary Unions[J]. European Economic Review, 1994,38(3):774-782.

[317] Warburton C. Depression, Inflation, and Monetary Policy: Selected Papers, 1945-1953[M]. Johns Hopkins Press, 1966.

[318] Weintraub R. What Type of Monetary Rule[J]. Cato Journal, 1983,3(1):171-183.

[319] Wray L R. Modern Money[J]. SSRN eLibrary, 1998:1-26.

[320] Yeager L B. Domestic Stability Versus Exchange Rate Stability[J]. Cato Journal, 1988,8(2):261-284.

[321] Yeager L B, Koppl R. Money and the Free Market: Essays in Honor of Leland B[M]. Yeager: Routledge, 2006.

[322] Zazzaro. How Heterodox Is the Heterodoxy of Monetary Circuit Theory? The Nature of Money and the Microeconomics of the Circuit[R]. Modern Theories of Money: The Nature and Role of Money in Capitalist Economies, 2003:219.

致　　谢

本书是在我的博士论文的基础上修改整理而成的,从博士论文写作到本书稿整理完成,这个过程让我收获良多。

本书能够顺利完成首先要归功于我的导师单飞跃教授,从选题、结构安排,到修改完善都倾注了单老师的心血,是单老师的鼓励和悉心指导给了我完成它的信心。这几年中,与老师的每次讨论都是我人生的宝贵财富,老师的睿智和对事物本质的洞悉帮助我更好地认识专业学科和身边世界,老师的教学方法和理念对我的工作大有教益,老师的人生智慧和感悟让我对生活有了更深刻的认识。

感谢上海立信会计金融学院财税与公共管理学院的各位领导为我们提供的积极宽松的教学和科研环境,衷心感谢各位老师在工作上对我的悉心指导,让我可以较快适应学校的教学工作。

非常感谢立信会计出版社方士华副编审等在本书的修改整理过程中付出的大量心血,给了我很多帮助。

感谢未在此一一具名的我的家人和朋友们这么多年对我的关心和帮助。

何自强
2017 年 7 月